中学物理课堂教学实作技能

陈晓莉　李　杨　编著

科学出版社

北　京

内 容 简 介

本书分为三篇，第一篇主要阐述中学物理课堂教学理论基础，总结回顾中学物理新课程改革的背景、过程与取得的成效，对中学物理核心素养目标与物理教师专业素养进行综述，介绍微格教学理论与实践的相关知识．第二篇主要论述中学物理课堂教学技能训练，包括语言、提问、导入、多媒体应用、板书、结束及实验演示等七个方面．第三篇主要记录中学物理课堂教学案例实录并附有教学评价，课题涉及概念、规律、习题、实验以及复习五大教学课型．书中案例主要依据新课标教材（普通高中教科书物理 2019 年版、义务教育教科书物理 2012 年版，人民教育出版社）而选择．

考虑教学技能的多样性，第二篇技能训练主要从技能概述、技能类型、技能应用要领以及技能应用案例与评价几个方面编写，第三篇的案例实录来自中学物理真实课堂教学，并附有简单的教学评价．

本书简明扼要，案例丰富，不仅适用于物理学（师范）专业的中学物理课堂教学相关技能课程使用，也可作为在职教师物理课堂教学技能培训的继续教育参考书，还可作为从事中学物理教学研究的专家以及中学师生的参考资料．

图书在版编目（CIP）数据

中学物理课堂教学实作技能/陈晓莉，李杨编著．—北京：科学出版社，2021.10

ISBN 978-7-03-069748-6

Ⅰ．①中…　Ⅱ．①陈…　②李…　Ⅲ．①中学物理课-课堂教学-教学研究　Ⅳ．①G633.72

中国版本图书馆 CIP 数据核字（2021）第 183560 号

责任编辑：窦京涛　孔晓慧/责任校对：杨聪敏
责任印制：张　伟/封面设计：无极书装

科学出版社 出版
北京东黄城根北街 16 号
邮政编码：100717
http://www.sciencep.com

北京天宇星印刷厂印刷

科学出版社发行　各地新华书店经销
*
2021 年 10 月第　一　版　开本：720×1000　B5
2025 年 12 月第六次印刷　印张：13 3/4
字数：277 000

定价：49.00 元

（如有印装质量问题，我社负责调换）

前　言

“百年大计，教育为本；教育大计，教师为本”，教育的发展关乎民族的兴旺发达，教育的发展离不开教师. 自古以来，赞美教师的话语非常多，比如“教师是太阳底下最光辉的职业”“师者，所以传道受业解惑也”“教师是辛勤的园丁”“教师是人类灵魂的工程师”，等等. 什么是教师？哪些人可以成为教师呢？广义上教师泛指传授知识和经验的人，狭义上教师是指受过专门教育和专门训练并组织实施教育教学活动的人. 这里的专门教育就是指教师教育，教师教育是对教师培养和培训的统称，就是在终身教育思想指导下，按照教师专业发展的不同阶段，对教师实施职前培养、入职培训和在职研修等连续的、可发展的以及一体化的教育过程，这里的专门训练就是指教学技能训练. 教学技能是指教师运用已有的教学理论知识，通过练习而形成的稳固而复杂的教学行为系统，在教学理论的基础上，它既包括按照一定方式进行反复练习或由于模仿而形成的初级教学技能，也包括因多次练习而形成的、达到自动化水平的高级教学技能，即教学技巧. 教学技能是教师必备的教育教学能力，它对取得良好的教学效果以及实现教学的创新具有积极的作用. 教学技能对外表现为成功地并具有创造性地完成既定的教学任务、卓有成效地达到教学目标和获得有效的教学方法；对内表现为保证完成教学任务的知识、技巧、心理特征和个性特征的功能体系，是教师的个性、创造性与教学要求的内在统一. 因此，高等师范院校为了培养合格的中学教师，必须开设相关的教师教育和教学技能训练课程.

“中学物理微格教学与诊断”“中学物理教学实作技能训练”“中学物理课堂教学能力训练”等课程是各高等师范院校面对物理（师范）专业学生开设的教师教育教学技能训练课程. 课程的主要目标是培养师范生从事中学物理教学所必须具备的教学基本功和专业教学技能，从而为物理（师范）专业的学生顺利适应中学物理课程教学打下基础. 物理师范生通过对这些课程的学习和教学技能的训练，掌握中学物理课堂教学的基本知识，强化中学物理课堂教学的基本功，增强对中学物理教育的感性认知能力以及持续发展自身专业素养的能力.

本书是根据《全日制义务教育物理课程标准》（2012 年版）和《普通高中物理课程标准》（2019 年版）来编写的，编写原则本着物理教学应该时刻面对时代发展和学生特点的宗旨，基于改革、发展的教学理念，考虑教学内容与方法的多样性，并结合多年中学物理课堂教学能力训练的实际情况，从实用性和针对性出发. 第一篇主要阐述中学物理课堂教学理论基础，首先总结回顾中学物理新课程改革的背景、过程与成效，然后对中学物理核心素养目标与物理教师专业素养进行综述，最后介绍微格教学理论与实践相关知识. 第二篇主要论述中学物理课堂教学技能训练，包括语言、提问、导入、多媒体应用、板书、结束以及实验演示等七个方面. 第三篇主要记录中学物理课堂教学案例实录并附有简单教学评价，课题涉及概念、规律、习题、实验以及复习五大教学课型. 本篇在编写过程中，注重传统的教学内容、方法和手段与现代化的教学方法和手段相结合，实作技能实例以及课堂实录全部来自中学物理课堂教学一线，有些是中学物理教学竞赛的课堂教学实录，有些是教师平时上课的课堂实录.

本书由陈晓莉负责第一篇第 1、3 章，第二篇第 6、10 章，第三篇 11.3 节、11.4 节、14.1 节、14.2 节、14.5 节、14.6 节，李杨负责第二篇第 4、5、7、8 章与 9.1 节～9.3 节，第三篇第 15 章，宋艺华负责第一篇第 2 章，喻定钧负责第二篇第 4、5、7、8 章与 9.4 节，李尧雨负责第三篇 12.1 节、12.2 节，第 14 章 14.3 节、14.4 节，王英慧负责第三篇 11.1 节、11.2 节、13.1 节、13.2 节，孟湘林负责第三篇 13.3 节、13.4 节，黄维负责第三篇 12.3 节、12.4 节. 本书由陈晓莉统稿整理，陈晓莉、李杨校稿. 书籍编著是一项集体工作，凝聚着全体编著人员的智慧和劳动成果，对参加编著的教师和其他院校同仁表示深深的感谢！在编著过程中还参考了其他高校的相关书籍. 在此一并感谢.

本书获得新疆维吾尔自治区普通高等学校教学改革研究项目“新疆免费师范生人才培养模式的改革与实践”（项目号：2017JG024）和西南大学教育教学改革研究项目“基于产出导向（OBE）的实验课程教学体系重构与实践”（项目号：2019JY119）的资助.

由于我们水平所限，书中难免有不妥之处，望读者和同行们提出宝贵意见！

陈晓莉

2021 年 5 月 6 日

目　录

第三篇 中学物理课堂教学案例实录与评价

第一篇
中学物理课堂教学理论基础

第 1 章　中学物理新课程改革综述

1.1　改革的背景

新中国成立后，国家在基础教育课程和教材领域进行了多次较大规模的改革. 新一轮课程改革是指 1999 年正式启动的基础教育课程改革，简称“新课改”. 新课改顺应了时代发展、适应世界教育改革潮流的需要.

1. 社会发展的必然

（1）世界竞争加剧

一些信息技术发达的国家，在经济、军事以及文化等方面对其他相对落后国家的控制、渗透，使世界和平与发展面临危机. 国与国之间的竞争主要体现在综合国力方面，而且越来越体现在经济实力、国防实力和民族凝聚力的竞争.

（2）知识经济发展

21 世纪被人们称为“知识经济时代”. 在知识经济时代，劳动者的素质和结构发生了重大变化，知识劳动者取代传统的产业工人. 此外，在知识经济时代，科学技术的不断进步改变了人们对“文盲”的认识，“文盲”一词不再仅仅指没有文化知识的人，而是指不能继续学习、不能更新自己的知识和技能的人.

（3）人类发展困境

生态环境的恶化、自然资源的短缺、人口迅速膨胀等问题，让人类面临自身生存和发展的一系列重大问题. 正是由于对这些问题的清醒认识，人们逐步对工业化以来的社会发展模式进行深刻的反思，并从 20 世纪 70 年代起，提出了诸如协调发展模式、文化价值重构模式等各种新的发展模式.

2. 国际基础教育改革热潮

20 世纪 80 年代，世界各国就纷纷开始了新一轮的课程改革.

（1）日本

日本 2002 年起实施的基础教育新课程改革，力求精选教学内容，留给学生更多自由发展的空间，其教育指导思想主要突出四个方面：

①鼓励学生参与社会和提高国际意识；

②提高学生独立思考和学习的能力；

③为学生掌握本质的基本内容和个性发展创造宜人的教育环境；

④鼓励每所学校办出特色和标新立异.

（2）美国

美国《2000 年教育战略》在课程目标方面提出“美国中小学生在 4、8、12 年级毕业时有能力在英语、数学、自然科学、历史和地理学科内容方面应对挑战”，特别强调提出“不让一个孩子掉队”的教育理念.

（3）英国

1999 年，英国颁布新一轮国家课程标准，主要强调以下几方面的内容。

四项发展目标：

①精神方面的发展. 自我成长，发展自己的潜能，认识优缺点，具有实现目标的意志；

②道德方面的发展. 明辨善恶，理解道德冲突，关心他人，采取正确行动的意志；

③社会方面的发展. 理解作为集体和社会一员自身的权利与责任，处理人际关系的能力；为了共同的利益，与他人协作的能力；

④文化方面的发展. 理解文化传统，具有理解和欣赏美的能力.

六项基本技能：交流、数的处理、信息技术、共同操作、改进学习、解决问题.

四方面共同的价值观：

①自我. 认同客观存在的自我，认识自己的长处和短处，养成自尊心和自制力；

②人际关系. 承认自我与他人生存和发展的相互依赖关系，尊重他人，诚实、可信、自信；

③社会. 追究自由与正义，维护权利与法的尊严，为共同的利益而努力，重视公民的责任和家庭，尊重宗教和文化的多样性，积极参与民主生活；

④环境. 把由社会和自然共同构成的环境视为生命和变化的起源，对未来和可持续发展抱有责任感，理解人在自然中的位置，努力保持自然的平衡性与多样性.

（4）韩国

韩国 1997 年开始的课程改革，强调以实验、学习、讨论、自由活动、社会服务等亲身体验为中心的学习活动，以培养学生解决问题的能力. 同时，引入“区别性课程”，从 1 年级到 10 年级，数学、英语、朝鲜语、科学和社会等五科设置分层课程；11 年级到 12 年级，大量引入选修课程.

综上所述，世界各国课程改革的共同点是：调整培养目标、改变人才的培养模式、实现学生学习方式的根本改变、进一步关注学生的学习经验、反映社会和科技的最新发展以及改革评价方式.

3. 国内中学物理教育的现状

新中国成立以来，我国中学物理课程进行了十几次改革，教育部正式颁布的中学物理教学大纲有十个版本. 应该说，这些不同版本的教学大纲以及不同版本的教科书都反映了当时社会发展的需要，它的出现不能脱离当时的历史背景. 下面就从教育目的、教学内容、教学方式、教学评价几方面了解课改之前中学物理的教育现状.

1）教育目的

在“科学为大众”“受教育机会均等”的背景下，真正意义的物理教育理应得到重视. 但长期以来，基础教育以牺牲大多数学生为代价，面向少数学生，片面追求升学率，分数成为淘汰学生或对学生划分等级的最有力的标尺，使受教育者在求知欲、好奇心和探究能力等方面比较薄弱. 虽然观察和实验比过去增加了许多，但多是基于实验结果的验证，而通过对自己课题中出现的问题的思考，就其解决问题能力以及科学的思维能力的培养仍有待提高. 随着年级的升高，抽象的学习内容逐渐增加，而学生对物理的学习兴趣却逐渐变得淡漠.

2）教学内容

从一个侧面来说，教材内容以学科为中心，追求知识的完整性、严密性，把物理简化为“工具”，忽视物理的“人文性”，割裂物理与社会、与生活的联系，学生不会运用所学的科学知识与科学方法解决实际问题. 《中学物理教学大纲》对于知识内容（包括学生实验）的规定过死、过细，以致教师在课程建设上没有多少空间. 1999 年、2001 年的高中物理课程在进行两次修订之后，成为我国高中物理课程的主流结构. 为了追求“完全”，必修物理课（I 类）内容饱和，内容与学时的矛盾突出，不可能让学生进行“探究式学习”. 同时，这也使数理能力较差的学生负担过重，对物理产生畏难情绪. 从另一个侧面来讲，由于多数学校以高考为目的进行教学，出现了过早划分文理科的现象，许多要学文科的学生几乎只学过力学之后就停止了物理课程的学习，这样无法对基础物理知识有相对完整的了解，不利于形成正确的科学观.

3）教学方式

灌输式的教学方式，压抑了学生对物理的好奇心，学生是知识的被动接受者，缺乏独立思考和创新精神. 应该说，1999 年的高中物理试验修订版教学大纲增加了“课题研究”，并且规定为必学内容. 它的出现引起了广大物理教师极大的兴趣，全国许多地方进行了尝试并获得相应的经验，为教学方式的多样化改革提供了一个具有可操作性的平台. 但在实际教学过程中，由于教育观念没有充分的转变，使得“课题研究”等内容没有得到真正的落实. 另外，《教学大纲》没有涉及学生的学习方式，教学实践中基本上仍是被动式的学习.

4）教学评价

以学科成绩作为评定学生学习质量的唯一标准，忽视学生个性发展和潜能发挥. 仅通过分数高低来评价学生学习的优劣，严重挫伤了大多数学生的自信心及持续发展的能力. 评价目标、手段、形式过分单一. 这样的评价必然引导学生只注重识记事物的特征，达到“瞬间判断性回答”的目的，而忽视分析理解事物之间的内在联系，达不到理解本质的目的. 基础科学教育要适应科学技术进步、社会经济发展的需要，必须加快构建符合素质教育要求的基础教育，形成新的课程体系，提倡以发展个性为目的、以全面发展为基础、以培养创新精神和创造能力为重点的新型教育模式，以此牵动教育进行深层次的改革.

在以上背景下，我国开始了新中国成立以来最全面的新一轮的基础教育改革.

1.2 改革的过程

1. 第一阶段（2001—2007）实施新课改，落实三维目标

教育部于 2001 年 6 月 8 日印发了《基础教育课程改革纲要（试行）》，对中小学课程设置、教材内容、教法学法、教学目标和评价标准进行了大刀阔斧的改革.

这次新课改被称为“牵动了整个基础教育改革的系统工程”. 新课改在教学方面变化最大的除了“三维目标”就是“学习方式”的变革，即自主、合作、探究. 为了树立新课改“教学模式”的样板，多家教育媒体先后推出洋思中学、杜郎口中学、东庐中学等有关自主学习的教学改革经验，一时间参观学习者纷至沓来，对推动课改起到了积极作用. 新课改实施一段时间后，经过教师培训、区域试点、改进完善，在全国中小学普遍推开，特别是小学和初中开展得有声有色，这为进一步深化改革以及为“新课改”与“新高考”紧密结合打下了良好基础.

2. 第二阶段（2008—2019）新课改的深化以及“核心素养”与“新高考”紧密结合

这一阶段历经 11 年，前 5 年为了深化新课改，广大教师积极探索实现“高效课堂”途径；后 6 年，开始研制和践行“核心素养”与“新高考”的紧密结合.

后 6 年，关注的焦点是“立德树人”“核心素养”和深化考试招生制度改革. 为把党的十八大和十八届三中全会提出的关于立德树人的要求落到实处，2014 年 3

月 30 日教育部印发了《关于全面深化课程改革 落实立德树人根本任务的意见》，首次提出了“核心素养”的概念. 近年来，广大教师对“核心素养”的问题十分关注，教育部“核心素养”课题组负责人林崇德教授对“核心素养”的论述最为确切：“核心素养是学生在接受相应学段的教育过程中，逐步形成的适应个人终身发展和社会发展需要的必备品格和关键能力. ”对于“学生发展核心素养”的问题，教育部组织了近百名课改专家进行深入研究论证. 历时两年多，于 2016 年 9 月 13 日举行了《中国学生发展核心素养》研究成果发布会，明确了学生发展核心素养的三个主要方面，即文化基础、自主发展、社会参与；“六大素养”即人文底蕴、科学精神、学会学习、健康生活、责任担当、实践创新. “六大素养”又具体细化为 18 个基本点.

为了将新课改与新高考紧密结合，2014 年 9 月 3 日国务院印发了《关于深化考试招生制度改革的实施意见》，意见提出：考生总成绩由统一高考的语文、数学、外语 3 个科目成绩和高中学业水平考试成绩组成. 保持统一高考的语文、数学、外语科目不变、分值不变，不分文理科，外语科目提供两次考试机会. 计入总成绩的高中学业水平考试科目，由考生根据报考高校要求和自身特长，在思想政治、历史、地理、物理、化学、生物等科目中自主选择.

总之，教育综合改革分解了学生的考试压力，更好地贯彻党的教育方针，全面实施素质教育，提高学生的选择性，促进学生全面而有个性地发展.

1.3　改革的成效

1. 教材编写生活化

《基础教育课程改革纲要（试行）》的具体目标中明确指出，“改变课程内容‘繁、难、偏、旧’和过于注重书本知识的现状，加强课程内容与学生生活以及现代社会科技发展的联系，关注学生的学习兴趣和经验，精选终身学习必备的基础知识和技能. ”因此，新教材在内容选择上更加贴近学生的生活实际，坚持“以学生发展为本”的理念，将教学内容融入日常生活背景之中，激发学生的学习兴趣，调动学生参与课堂的积极性.

在教学活动中，教师创造性地使用教材，充分利用教材以外的各种课程资源，已经成为多数中学物理教师的共识. 许多教师在教学设计中，分析课程目标，分析学生学习状况和需要，分析教材的特征和现有的条件，对教学内容的设计与呈现进行校本化处理，使具体内容的教学更加符合学生的需要，更好地实现了课程教学目标.

2. 教学方式多样化

通过新课改，教师在教与学方面注重了教学方式的改变，在组织教学活动时，越来越多的教师尝试改变单一的教学方式，结合具体的教学内容，探索和运用启发式、探究式、合作式、讨论式等教学方式，让学生在问题情境中探索、在解决问题的过程中合作与交流，从而使学生的学习过程更加生动活泼，使学生的主动性和创造性得到发挥. 在教学过程中也注重引导学生主动参与和自主探索，注重师生互动与合作交流，以及关注信息技术与学科整合. 教师在课堂教学的设计与实施中，能从整体上考虑学生素养的提高，教学目标各维度的达成，使物理的学习过程更加丰富多彩，提高了学生学习物理的兴趣和信心.

在互联网+教育时代，现代中学物理教师更加重视区域教学的特色，通过课程、学生、教师的配合展开以语言传递信息为主、以直接感知为主、以实践训练为主、以欣赏活动为主、以引导探究为主、以家校共育为主、以线上线下融合为主等多样且有效的教学方式. “云课堂”“停课不停学”“线上学习”等教学方式在新冠肺炎疫情期间被广泛应用，网络共享优质教育资源是未来的趋势，互联网线上线下融合的教学方式将得到普遍的认可. 通过线上发布课前的学习包，线下课堂精准设计，答疑解惑进行教学，同时课后在线上展示学习成果，让学生能够分享学习成功的快乐. 这种线上-线下-线上的融合互联网教育平台有利于学生进行立体的学习，不仅假期可用，平时也可利用网络进行个性化的学习，有利于搭建家校学习的平台，对家长进行科普教育，有利于学科课堂以外的延伸与发展，有利于团结教师队伍共同成长.

实验教学方面，首先，开放物理实验室，充分利用实验室现有器材，摆脱传统“菜单式”的实验课堂，充分锻炼学生设计实验和动手实践的能力. 其次，在家与家长一同利用生活器材进行实验，能够极大地激发学生学习兴趣，同时录制制作过程和实验过程能够为课堂教学提供素材，也为家校共育提供平台. 另外，博物馆、科技馆、田间农地都应该是物理的课堂，将课堂搬到社会公益场馆对落实物理核心素养的目标是非常有益的.

3. 学生地位主体化

在传统的课堂教学中，常见到“满堂灌”“填鸭式”的教学，这种教学模式中，学生的主体地位没有得到体现. 新课改之后，学生的主体地位得到重视，教师不再一味地“讲知识”，学生在教师引领下也参与到课堂中，教师有意识地多给予学生独立思考和自主理解知识的机会，让他们有机会把自己的理解说出来，不仅学生拥有了“话语权”，而且“自主、合作、探究”的学习方式也得到重视. 因此，教师由教学中的主角转向平等的对话者，由知识传授者转向学生发展的促进者.

新课程改革后的课堂教学过程更体现了师生之间、生生之间的交流互动，教师通过与学生的交流及时把握学生理解的程度，及时发现问题，同时能多给予学生自主思考的时间和空间，学生的创造性和抽象思维能力就可以得到培养和锻炼.

4. 教学观念学生化

课程改革提倡面向全体学生，为了使每一位学生得到发展的理念在实施过程中受到重视，并体现在具体的教学活动中，这就要求教师更加关注学生的全面发展，注重学生的个性差异；教师更加关注学生的学习过程，注重发挥学生的主体性和主动性；教师也提高了自身的课程与教学研究意识. 教师的知识观、质量观发生了很大的变化，由原来只注重知识的传授转到注重学生态度、情感、人格、素养、能力的发展；由过分追求学科的严密性转到注重物理教育的育人性；由注重学生学习的结果转到注重学生实践探索和交流的主动学习.

5. 评价方式多元化

《基础教育课程改革纲要（试行）》中提到，新课程改革要改变课程评价过分强调甄别与选拔的功能，发挥教育评价促进学生发展、提高和改进教学实践效率的功能. 新课改后教师对学生的评价，不再是以单一的教学成绩来评价，而是通过多元化的评价，对学生进行评价，与新课程改革的多元目标相适应. 许多中小学教师尝试运用口头测试、课堂观察、成长记录等方式，评价学生的学习过程，了解学生在物理学习过程中表现出的创造性、思维能力和情感态度.

随着新课程改革的实行，教育评价的指导思想也发生着巨变，其明显表现在考试制度的改革上：

第一，考试功能的转变. 改变传统意义上考试选拔的功能，考试最主要的目的是更好地促进学生的发展，发现学生在学习过程中存在的现实问题，从而改善教育教学的质量.

第二，考试内容的转变. 新课程改革更强调对学生解决实际问题能力的考查，考试内容更注重对学生分析、处理问题能力的考查. 教师在考试中应创设更具有真实性的情境，适当地增加与社会现实和学生生活实际密切相关的题目.

第三，考试形式多样化. 从目前中考、高考考试改革可以明显看出，考试形式突破了“一考定终身”的形式，同时，还将纸笔考试评价和非纸笔考试评价相结合，出现了多种新的考试形式. 在试卷考试中，除了闭卷考试外，还有部分学科实行开卷考试，其题目的类型也从单一的记忆型问题扩展到运用型、理解型、评价型等问题.

总之，新课程改革之后，课程的设置体现了“以人为本”的思想，教学目标的变化，促进了课堂的变化，也促进了教师专业化成长.

第 2 章　中学物理核心素养目标与物理教师专业素养

课程是学校教育的核心，课程目标指明了教学活动的方向和应当达到的水平或程度；教学目标是课堂教学的核心，是课堂教学的根本出发点和归宿. 教学目标是课程目标的具体化、操作化，通过生动鲜活的教学活动，通过师生的互动，把课程理念和教学实践连接在一起. 教学目标是教师根据课程标准中的教学要求和学生的实际情况制定的，是教学过程的主要依据.

随着基础教育改革的不断推进，对于中学物理老师的专业素养也提出了更高的要求，教师专业素养对学生有着潜移默化、熏陶感染的教化作用，直接影响中学物理教学效率和教学质量的提升. 为此，中学物理教师在教学实践中应当加强理论学习，扩充自身专业知识，同时注重教学反思，不断总结经验，与其他教师建立有效的沟通交流，汲取他人的工作经验，提升自己的专业素养，争做优秀的中学物理老师.

2.1　核心素养目标主要内容

学科核心素养是学科育人价值的集中体现，是学生通过学科学习而逐步形成的正确价值观念、必备品格和关键能力. 通俗地讲，物理学科的核心素养就是要学生完整经历和领悟前人以及科学家经历的探索之路，在学习过程中体验成功、失败、收获、喜悦等情感历程，增强自信、质疑、创新等精神品质. 简单地讲，物理教学要充分体现从现象到本质，要勇于假设和猜想，要学会用生活或实验来验证，要学会进一步质疑，要具有实际应用能力.

1. 高中物理核心素养

我国 2017 年颁布（2019 年修订）《普通高中物理课程标准》中明确给出了物理学科的核心素养要求，并结合高中物理课程特点对“物理观念”“科学思维”“科学探究”“科学态度与责任”四个方面进行了设定.

1）物理观念

“物理观念”是从物理学视角形成的关于物质、运动与相互作用、能量等概念的基本认识；是物理概念和规律等在头脑中的提炼与升华；是从物理学视角解释自然现象和解决实际问题的基础. “物理观念”主要包括物质观念、运动与相互作用观念、能量观念等要素.

2）科学思维

“科学思维”是从物理学视角对客观事物的本质属性、内在规律及相互关系的认识方式；是基于经验事实建构物理模型的抽象概括过程；是分析综合、推理论证等方法在科学领域的具体运用；是基于事实证据和科学推理对不同观点和结论提出质疑和批判，并进行检验和修正，进而提出创造性见解的能力与品格．“科学思维”主要包括模型建构、科学推理、科学论证、质疑创新等要素.

3）科学探究

“科学探究”是指基于观察和实验提出物理问题、形成猜想和假设、设计实验与制订方案、获取和处理信息、基于证据得出结论并作出解释，以及对学科探究过程和结果进行交流、评估、反思的能力．“科学探究”主要包括问题、证据、解释、交流等要素.

4）科学态度与责任

“科学态度与责任”是指在认识科学本质，认识科学、技术、社会、环境关系的基础上，逐渐形成探索自然的内在动力，严谨认真、实事求是和持之以恒的科学态度，以及遵守道德规范、保护环境并推动可持续发展的责任感．“科学态度与责任”主要包括科学本质、科学态度、社会责任等要素.

高中物理课程在义务教育的基础上，进一步促进学生物理学科核心素养的养成和发展．通过高中物理课程的学习，学生应达到如下目标：

（1）形成物质观念、运动与相互作用观念、能量观念等，能用其解释自然现象和解决实际问题.

（2）具有建模的意识和能力；能运用科学思维方法，从定性和定量两个方面对相关问题进行科学推理、找出规律、形成结论；具有使用科学证据的意识和评估科学证据的能力，能运用证据对研究的问题进行描述、解释和预测；具有批判性思维的意识，能基于证据大胆质疑，从不同角度思考问题，追求科技创新.

（3）具有科学探究意识，能在观察和实验中发现问题、提出合理猜想与假设；具有设计探究方案和获取证据的能力，能正确实施探究方案，使用不同方法和手段分析、处理信息，描述并解释探究结果和变化趋势；具有交流的意愿与能力，能准确表述、评估和反思探究过程与结果.

（4）能正确认识科学的本质；具有学习和研究物理的好奇心与求知欲，能主动与他人合作，尊重他人，能基于证据和逻辑发表自己的见解，实事求是，不迷信权威；关心国内外科技发展现状与趋势；了解物理研究和物理成果的应用应遵循道德规范；认识科学、技术、社会、环境关系，具有保护环境、节约资源、促进可持续发展的责任感.

2. 初中物理核心素养

义务教育阶段的物理课程作为科学教育的组成部分，是以提高全体学生科学素养为目标的自然科学基础课程. 参考高中物理核心素养的培养要求，结合初中阶段学生特点以及课程内容，应该可以从“物理观念”“科学思维”“科学探究”“科学态度与责任”四个方面提出初中物理核心素养要求.

1）物理观念

要求学生能够在掌握基础知识、概念、定义和规律等基础上初步形成物质观、运动观、相互作用观及能量观等物理观念. 初中作为形成物理观念的知识积累期，“物理观念”主要包括物理学史、概念规律知识、生活物理、物理前沿等要素.

2）科学思维

初中学生处于从形象思维向抽象思维转变的阶段，既要注重形象思维向抽象思维的过渡，又要注重抽象思维的培养，注重思维方法的训练，结合初中所要掌握的主要知识内容，培养基础思维. “科学思维”主要包括简化思维、逻辑思维、发散思维等要素.

3）科学探究

初中阶段实验的主要目的在于提升学生兴趣，帮助学生更好地理解物理知识，与此同时养成初步的实验操作技能，能够根据所学内容通过实验的方式验证或解决生活中所遇到的问题，能够独立或合作完成实验数据的处理工作. 结合初中所要掌握的主要知识与实验内容，设计简单的探究性实验，并且在实验过程中养成同学间的交流合作与互助沟通能力. “科学探究”包括观察分析、实验技能、数据处理、互助交流等要素.

4）科学态度与责任

初中阶段是逐渐形成独立人格、树立价值观人生观的重要时期，这个阶段应在物理教学过程中传递物理学对于社会经济发展、环境保护、科技进步的重要作用，通过物理学史、重大科技成果等传递物理学所承担的社会责任与民族复兴的重要作用. “科学态度与责任”包括探索与求知、质疑与求真、生命与安全、社会与自然等要素.

义务教育阶段物理课程的总目标是提高学生的科学素养，让学生：

（1）学习终身发展必需的物理基础知识和方法，养成良好的思维习惯，在分析问题、解决问题或作决定时能尝试运用科学知识和科学研究方法；

（2）经历科学探究过程，具有初步的科学探究能力，乐于参加与科学技术有关的活动，在实践中有提高效率的意识；

（3）保持探索科学的兴趣与热情，在了解和认识自然的过程中能产生兴奋感和成功感，能独立思考，勇于质疑，养成尊重事实、敢于创新的科学态度和科学精神；

（4）关心科学技术的发展，具有环境保护和可持续发展的意识，树立正确的科学观，有振兴中华、将科学服务于人类的使命感与责任感.

2.2 核心素养目标教学实施

培养中学生物理核心素养，不仅有利于提高学生的物理学习能力、实验探究能力，为促使学生进行物理全面学习和终身学习创造条件，而且还有利于培养学生的创新思想和创新能力，提高学生的综合能力，对学生以后的物理学习有很大的帮助.

课程目标是此次变动最为关键的地方，打破了传统三维目标的格局，从素养的角度提出了四个素养要求，其实在一定的结构上也是与传统三维目标有相关性的. 物理观念是知识与技能内化后所形成的素养，科学思维和实验探究则与过程和方法相对应，最后科学态度与责任同情感态度价值观都是精神层面的要求. 整个核心素养的目标与传统三维目标有联系，更有升华，更加注重学生在知识技能与过程方法的基础上形成的一种能力与品质，使学生不仅学到知识与技能，体验过程与方法，更要使知识与技能内化形成自身知识体系与自身能力，在体验中锻炼形成科学思维与探究能力，使学生不仅能解决已学知识范围内的问题，更能在形成的能力与品质下通过自主学习与探究解决未知问题.

初中物理在实施教学目标时建议：

（1）重视科学探究的教学. 鼓励学生积极大胆地参与科学探究，探究活动的选择要因地制宜、循序渐进，让学生养成对所做的工作进行评估的好习惯，重视探究中的交流与合作.

（2）帮助学生尽快步入自主性学习的轨道.

（3）保护学习兴趣，探索因人而异的教学方式.

（4）加强与日常生活、技术应用及其他学科的联系，以多种方式向学生提供广泛的信息，把阅读理解、收集信息、观察记录作为课外作业的一部分.

（5）提倡使用身边的物品进行物理实验.

高中物理在实施教学目标时建议：

（1）关注物理课程改革，指导学生正确认识与选择学习内容.

（2）关注学生物理学科核心素养的发展，重视提高教师的课程教学能力.

（3）开展课程研究，强化课程管理.

（4）重视课程资源的开发、整合与利用.

（5）积极探索信息技术与物理教学的深度融合.

（6）加强实验室建设，促进学生实验能力发展.

（7）转变课程管理模式，倡导建立物理学科专用教室.

2.3　中学物理教师核心素养

发展学生核心素养是当今世界各国教育的焦点，但提升教师专业素养是世界各国教育的重点，因为没有专业素养的教师难以培育出具有核心素养的学生. 重视物理教师核心素养的培养，能提升物理教师中学物理课程执行能力，对落实“立德树人，发展学生核心素养”的总体要求具有重要意义. 物理教师核心素养指物理教师在实现物理学科核心素养育人目标的过程中，体现出来的正确价值观、必备品格和关键能力. 物理教师核心素养包括教育情怀、专业素养、物理核心素养、创新素养、信息素养五部分（如图 2.1 所示）.

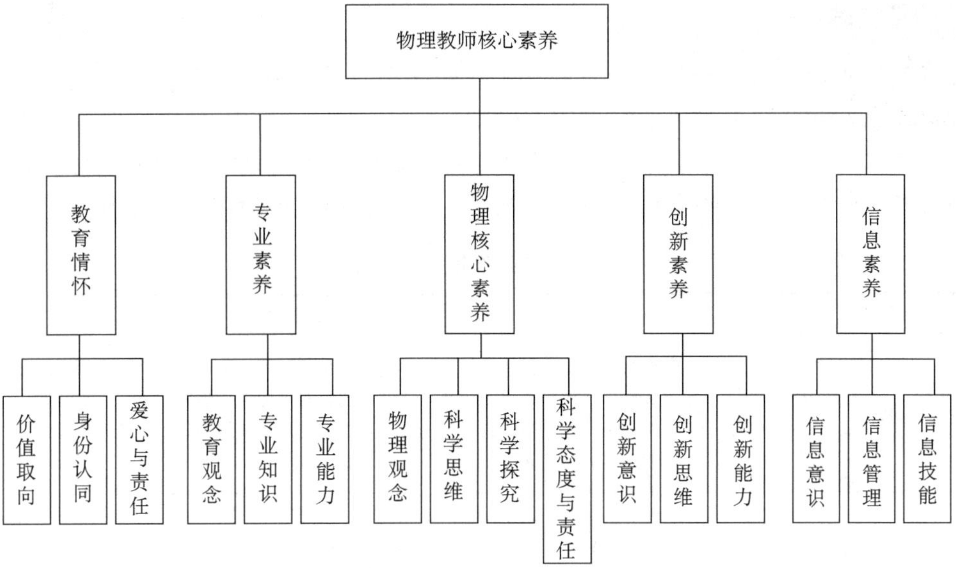

图 2.1　物理教师核心素养的构成

1. 教育情怀

教育需要一种情怀. 教育家雅斯贝尔斯说过:“教育的本质意味着，一棵树摇动一棵树，一朵云牵引一朵云，一个灵魂唤醒一个灵魂. ”我们既然选择了教师这份职业，就应该不忘初心、砥砺前行，努力争做一个具有教育情怀的新时代教师. 教育情怀主要分为价值取向、身份认同、爱心与责任三个维度，6 个指标(见表 2.1).

表 2.1　教育情怀的指标体系

维度	指标	表现及要求
价值取向	立德树人	能理解立德树人是我国教育的根本任务，理解着力发展核心素养，培养有信念、有本领、有担当的全面发展的社会主义建设者和接班人的育人理念；树立道路自信、理论自信、制度自信、文化自信；师德为先，热爱中学教育事业，具有职业理想，践行社会主义核心价值体系，履行教师职业道德规范
	教育信仰	
身份认同	自我认识	能正确认识教师职业的价值，理解教师职业在学生发展和社会发展中的功能和价值；能够发现教育教学工作中的成功、快乐与幸福，能形成教师职业的归属感、成就感和幸福感
	社会认可	
爱心与责任	大爱情怀	尊重学生，用心理解学生，真心关爱学生；能够怀抱积极乐观的心态，热爱生活；能正确认识教师在教育活动中的义务，拥有较强的职业担当；能全心全意地投入教育活动中，不放弃任何一个问题学生
	信念担当	

2. 专业素养

教师专业素养是指从事教育教学工作所必须具备的特质. 专业素养主要分为教育理念、专业知识和专业能力三个维度，13 个指标（见表 2.2）. 其中，物理专业知识是物理核心素养的载体. 教师在入职前必须经过系统的师范教育，获取系统的专业知识，并随着社会科技的发展，要求教师要不断学习和提升.

表 2.2　专业素养的指标体系

维度	指标	表现及要求
教育理念	全面育人	尊重学生权益，以学生为主体，充分调动和发挥学生的主动性；遵循学生身心发展特点和教育教学规律，提供适合的教育，促进学生发展学科核心素养，全面而有个性地发展；突出教书育人功能，注重实践能力培养；具有终身学习与持续发展的意识和能力，做终身学习的典范
	以人为本	
	能力为重	
	终身学习	
专业知识	教育知识	掌握中学教育的基本原理和主要方法；构建完整的物理学科知识体系，掌握物理学科内容的基本知识、基本原理与技能，了解物理学科与其他学科的联系，了解物理学科与社会实践的联系；掌握《普通高中物理课程标准》（2019 版）的变化内容和具体要求，深刻理解物理学科核心素养的内涵、水平划分和实施意见，掌握针对具体内容进行教学的方法与策略；具有相应的自然科学和人文社会科学知识，了解中国教育的基本情况，具有相应的艺术欣赏与表现知识
	学科知识	
	学科教学知识	
	通识性知识	

续表

维度	指标	表现及要求
专业能力	教学设计	掌握基于物理核心素养提升的教学设计、教学目标和教学计划；通过启发、探究、讨论、参与等多种方式，引发中学生独立思考和主动探究，发展学生的创新能力；建立良好的师生关系，注重结合学科教学进行育人活动；根据核心素养的水平划分，利用评价工具，掌握多元评价方法，多视角、全过程评价学生；具有交流、合作、国际视野、终身学习、共同发展的意识；不断进行反思，创新教育教学思路，提高自身专业素质
	教学实施	
	教学评价	
	沟通与合作	
	反思与发展	

3. 物理核心素养

物理学科核心素养是学科育人价值的集中体现，是学生通过物理学科学习而逐步形成的正确价值观、必备品格和关键能力. 作为中学物理教师，凡是要求学生具备的物理学科核心素养，教师要首先具备. 物理核心素养主要分为物理观念、科学思维、科学探究、科学态度与责任四个维度，16 个（新课标 14 个）指标（见表 2.3）.

表 2.3　物理核心素养的指标体系

维度	指标	表现及要求
物理观念	情境分析	“物理观念”是从物理学视角形成的关于物质、运动与相互作用、能量等概念的基本认识；是物理概念和规律等在头脑中的提炼与升华；是从物理学视角解释自然现象和解决实际问题的基础
	体验归纳	
	形成观念	
	解决问题	
科学思维	模型建构	“科学思维”是从物理学视角对客观事物的本质属性、内在规律及相互关系的认识方式；是基于经验事实建构物理模型的抽象概括过程；是分析综合、推理论证等方法在科学领域的具体运用；是基于事实证据和科学推理对不同观点和结论提出质疑和批判，并进行检验和修正，进而提出创造性见解的能力与品格
	科学推理	
	科学论证	
	质疑创新	
科学探究	问题	“科学探究”是指基于观察和实验提出物理问题、形成猜想和假设、设计实验与制订方案、获取和处理信息、基于证据得出结论并作出解释，以及对科学探究过程和结果进行交流、评估、反思的能力
	证据	
	解释	
	交流	
科学态度与责任	科学本质	“科学态度与责任”是指在认识科学本质，认识科学、技术、社会、环境关系的基础上，逐渐形成探索自然的内在动力，严谨认真、实事求是和持之以恒的科学态度，以及遵守道德规范、保护环境并推动可持续发展的责任感
	科学态度	
	社会责任	
	担当精神	

4. 创新素养

创新素养是一种追求创意的品质，是一种善于把握机会，创造性地改组知识并实施迁移运用知识的能力. 创新素养是物理教师核心素养的核心，离开教师的创新素养和创新能力，学生的创新素养是很难培养的. 教师的创新素养主要分为创新意识、创新思维、创新能力三个维度，11 个指标（见表 2.4）.

表 2.4　创新素养的指标体系

<table>
<tr><th>维度</th><th>指标</th><th>表现及要求</th></tr>
<tr><td rowspan="4">创新意识</td><td>创造动机</td><td rowspan="4">教师要根据教学和学生发展的需要，引起创造前所未有的事物或观念的动机，并在创造活动中表现出意向、愿望和设想；让学生在活动中表现为一种积极的、富有成果性的学习行为和内在动力；教师要有思辨的能力，勇于挑战权威，善于表达自己的观点，成为知识的研究者和创新者</td></tr>
<tr><td>创造兴趣</td></tr>
<tr><td>创造情感</td></tr>
<tr><td>创造精神</td></tr>
<tr><td rowspan="4">创新思维</td><td>逆向思维</td><td rowspan="4">教师应突破常规思维的界限，以新颖的视角思考教学情境中问题的解决，提高思维的发散、逆向、联想与整合；对客观事物未知成分进行探索，发现和提出新问题，设计新方法，开创新途径；打破固有的思维模式，从新的角度、新的方式去思考，得出不一样的并且具有创造性的结论</td></tr>
<tr><td>发散思维</td></tr>
<tr><td>联想思维</td></tr>
<tr><td>灵感思维</td></tr>
<tr><td rowspan="3">创新能力</td><td>教学创新</td><td rowspan="3">教师的教学过程是培养创新人才的主渠道，教学过程力求求异性、新颖性和高效性；教师创新技能即在教学过程中为了达到教育创新的目的而采用的各种创新的手段和技巧；教师通过教研可以深入了解现代教学观念和教学方法；物理是一门以实验为基础的自然学科，实验对学生动手能力和学科兴趣的培养、对科学本质的认识都有很大的促进作用；教师应加强实验制作、实验操作技能，提升在实际生产中科学探究问题的能力，为培养创新人才奠定基础</td></tr>
<tr><td>教研创新</td></tr>
<tr><td>实验创新</td></tr>
</table>

5. 信息素养

随着时代的进步、科学技术的发展，现代信息技术也不断成熟和完善. 信息技术对教育的影响也越来越大，通过大数据实施物理学科的精准备课、精准教学、精准培训、精准指导等均会让物理教学发生革命性变化. 信息素养主要分为信息意识、信息管理、信息技能三个维度，8 个指标（见表 2.5）.

表 2.5　信息素养的指标体系

<table>
<tr><th>维度</th><th>指标</th><th>表现及要求</th></tr>
<tr><td rowspan="3">信息意识</td><td>信息敏感度</td><td rowspan="3">形成使用技术、信息、软件的习惯；具有获取、分析、加工、评价信息并创造新信息、传递信息的能力；信息技术成为提升和实现自我价值的重要内容；懂得信息技术有关的道德文化和法律</td></tr>
<tr><td>信息关注度</td></tr>
<tr><td>信息道德</td></tr>
</table>

续表

维度	指标	表现及要求
信息管理	信息安全	懂得信息涉及个人隐私、社会问题和国家安全，合理使用信息；信息不是孤立的数据，通过加强信息交流和沟通，能够整合社会多方力量，获取广泛资源
	合作交流	
信息技能	多媒体能力	多媒体的制作与使用，辅助教学的有效开展；教学媒体和功能的选择能力；具有设计和开发新信息的能力；信息技术与学科深度融合，利用信息实施个性化学习与指导
	信息处理	
	信息应用	

总之，重视物理教师核心素养的培养，能提升教师课程执行能力，对落实“立德树人，发展学生核心素养”的总体要求具有重要意义. 创新型国家的建设，关键在于创新型人才的培养，人才培养的根本靠教育，教育的关键在于教师.

第3章　微格教学理论与实践

3.1　微格教学综述

1. 微格教学的起源与发展

微格教学（微型教学），由美国斯坦福大学爱伦（W. Allen）博士于 1963 年提出，20 世纪 60 年代末传入英国和德国等欧洲国家，70 年代传入日本、澳大利亚、新加坡等地，80 年代传入中国、印度、泰国等发展中国家.

微格教学最早被运用到一些操作技能技巧要求比较高的应用领域的技能培训活动，例如体育训练、军事训练、医学操作培训等，后来发展到对教师的培训.其主要特色是将复杂的技能分解为几个相对独立的技能进行小步调的专门训练，并通过多媒体技术进行观摩反思.

国内首先引进微格教学用于教育领域的是北京和上海两地的一些承担教师培训工作的高等院校. 此后，微格教学逐步从对在职教师的培训，发展到对在校师范生的培训.

2. 微格教学的理论基础

微格教学是以现代教育理论和现代教育技术为基础，利用先进的媒体信息技术，采用可控的教学环境，依据反馈原理和教学评价理论，分阶段系统培训师范生和在职教师课堂组织及教学技能的活动. 在理论上，微格教学吸收了教学设计、教学目标分类、课堂教学相互作用、教学评价等先进的教学思想. 在实践中，它不仅适应于教育学、心理学、学科教学法的发展，还适应于现代科学技术的发展和师范教育改革的需要.

微格教学对传统的教学技能培训方式进行了改造，运用录音、录像等电教设备，系统训练教师的教学技能，使教师的教学技能得到快速提高. 微格教学的主要特点是：少数学生（5～10 人）组成“微型课堂”，受训者扮演“教师”，其他同学扮演“学生”，利用 5～10 分钟时间训练教学技能，利用视听设备记录实践过程，进行反馈评价.

3. 微格教学的概念

（1）“微格教学是一个有控制的实习系统，它使师范生有可能集中解决某一

特定的教学行为，或在有控制的条件下进行学习．”——W. Allen

（2）“它是一个简化了的、细分的教学，从而使学生易于掌握．”—— G. Brown

（3）“它是一个可控制的实践系统，利用这个系统可使师范生和新教师有可能集中解决某一特定的教学行为，或在有控制的条件下进行学习．它是建筑在教育理论、视听理论和技术的基础上，系统训练教师教学技能的一种较为先进的教学方法．”——北京教育学院

我们采用北京教育学院的概念．

3.2　中学物理微格教学设计与教案编写

师范生在学习完每一项教学技能之后，紧接着要通过一个简短的微型课对所学的教学技能进行实战训练，使其理论在实践过程中得到提高和完善．如何根据教学内容和技能训练目标，对微型课的教学方案和教学过程进行设计，将要训练的教学技能恰如其分地运用于课堂教学过程中，这是微格教学训练中极其重要的工作，这项工作几乎贯穿微格教学训练的全过程．

1. 微格教学设计

微格教学设计是根据课堂教学目标和教学技能训练目标，运用系统方法分析教学问题和需要，建立解决教学问题的教学策略微观方案、试行方案、评价试行结果和对方案进行修改的过程．它以优化教学效果和培训教学技能为目的，以学习理论、教学理论和传播理论为理论基础．

微格教学的教学设计与一般的课堂教学设计既有联系，又有区别．一般的课堂教学设计对象是完整的一节课，教学过程包括导入、新知学习、巩固练习、总结评价等完整的教学阶段．而微格教学通常都是比较简短的，教学内容只是一节课的一部分，便于对某种教学技能进行训练．因此，不能像课堂教学设计那样主要从宏观的结构要素来分析，而是要把一个事实、概念、原理或方法等当作一套过程来具体设计．所以，在微格教学技能训练的过程中应有两个教学目标：一是使被培训者掌握教学技能；二是通过技能的运用，实现中小学课堂教学目标．教学技能是实现教学目标的方法和措施，而课堂教学目标所达到的程度是对教学技能的检验和体现，二者紧密联系、互相依存．由此，微格教学设计既要遵循课堂教学设计的原理和方法，又要体现微格教学技能训练的特点．

2. 微格教学教案的编写

教案的编写是微格教学教师的一项重要工作，它是根据教学理论、教学技能、教学手段，并结合学生实际，把知识正确传授给学生的准备过程．微格教学教案的产

生建立在微格教学设计基础之上，以“设计”作指导，具体编写微格教学的计划.

1）微格教学教案编写的内容和要求

（1）确定教学目标. 片断教学内容教学目标的确定和整堂课教学目标的确定方法一样，只不过对象是一个片断，所以教学目标的确定应立足于本片断当中.

（2）确定技能目标，即教师课堂教学技能训练目标. 针对不同的学员可以有不同的技能要求.

（3）教师教学行为. 要求教师把教学过程中的主要教学行为，以及要讲授的内容、要提问的问题、要列举的实例、准备做的演示或实验、课堂练习题、师生的活动等，都一一编写在教案内.

（4）标明教学技能. 在实践过程中，每处应当运用哪种教学技能，在教案中都应予以标明. 当有的地方需要运用好几种教学技能时，就要选其针对性最强的主要技能进行标明. 标明教学技能是微格教学教案编写的最大特点，它要求受训者感知教学技能，识别教学技能，应用教学技能，突出体现微格教学以培训教学技能为中心的宗旨. 不要以为把教学技能经过组合就是课堂设计，而要根据教学目标结合教学实践决定各种技能的运用，这对师范生来说尤为重要.

（5）预测学生行为. 在课堂教学设计中，对学生的行为要进行预测，这些行为包括学生的观察、回答、活动等各个方面，应尽量在教案之中注明，它体现了教师引导学生学习的认知策略.

（6）准备教学媒体. 教学中需要使用的教具、幻灯片、录音、图表、标本、实物等各种教学媒体，按照教学流程中的顺序加以注明，以便随时使用.

（7）分配教学时间. 每个知识点需要分配的时间预先在教案中注明清楚，以便有效地控制教学进程和教学行为的时间分配.

2）编写微格教学教案参考模板

微格教学教案编写模板见表 3.1.

表 3.1　微格教学教案编写模板

<table>
<tr><td>姓名</td><td></td><td>学号</td><td></td><td>班级</td><td></td></tr>
<tr><td>训练的主要技能与目标</td><td colspan="5"></td></tr>
<tr><td>课题</td><td colspan="5"></td></tr>
<tr><td>课题来源</td><td colspan="2"></td><td>课题对象</td><td colspan="2"></td></tr>
<tr><td>教学目标</td><td colspan="5"></td></tr>
</table>

续表

教学重点					
教学难点					
时间（可从 0 计时，也可写需要时间）	教学环节与意图（复习、情境创设、实验、举例、总结等. 概括程度较高）	教学行为（提问、讲解的内容. 较具体）	技能及要求等（引课、提问、讲解、演示、板书等及相应要求）	预期的学习行为与效果（听课、笔记、练习、观看等）	信息呈现方式及内容（多媒体、板书、演示实验等）
……	……	……	……	……	……
……	……	……	……	……	……
……	……	……	……	……	……
……	……	……	……	……	……
实际效果与评价反思	（主要内容：检查教学目标的达成情况，评价所训练的教学技能的完成情况，并进行反思）				

3.3　中学物理微格教学过程的组织与实施

1. 微格教学实施步骤

微格教学是以现代教育理论为指导，应用现代化的教育技术手段（如录像、录音等），对师范生和在职教师进行课堂教学技能训练的一种系统方法. 其实施步骤从制订教学计划开始到教学实习为止分为六大步骤：

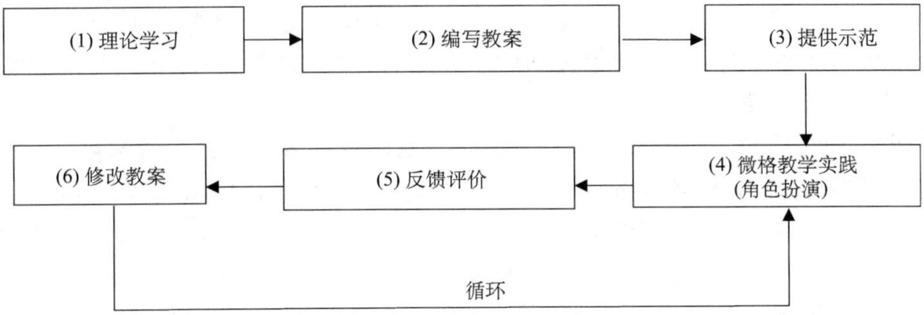

微格教学组织实施一般可分为 3 个阶段：设计准备阶段、微格训练阶段、反馈评价阶段.

设计准备阶段

1）理论学习

在微格教学实践和发展的过程中，融入了许多新的教育观念、教育思想和方法. 如布鲁姆的“教育目标分类学”及“掌握学习法”，弗朗德的“师生相互作用分析”理论. 具体实践中又有美国爱伦教授的双循环式和英国布朗（G. Brown）教授的单循环式等. 微格教学培训是一种全新的实践活动，也有其深刻的理论基础. 因此，学习和研究新的教学理论是十分必要的. 理论学习的内容包括：微格教学的概念、微格教学的目的和作用、学科教学论以及各项教学技能相关理论等.

微格教学是在现代教育理论指导下对教师教学技能进行模拟训练的实践活动. 理论研究和辅导阶段要确定好教学的组织形式. 在实施模拟教学之前应学习微格教学、教学目标、教学技能、教学设计等相关的内容. 同时在每一次微格教学之前，指导教师首先向受训者讲清楚本次教学技能训练的具体目标、要求，以及该教学技能的类型、作用、功能、典型事例运用的一般原则、使用方法和注意事项. 通过理论学习，一方面提高训练的自觉性和规范性，另一方面提高每次训练的目的性、针对性和实效性. 通常在学习教学理论时，指导教师以班级为单位作启发报告，讨论和实践则以小组为单位. 小组成员为 6 人左右，最好是同一层次的教师或师范生. 指导教师要引导小组成员尽快相互了解，对所研讨的问题有共同语言，互相成为“好朋友”.

2）编写教案

首先，组织学员钻研某项教学技能.

（1）充分备课，熟悉教材. 熟悉教材是至关重要的，如果对教材理解不透彻、不深入，甚至出现片面性或错误，就无法体现教学技能.

（2）根据指定教材，针对某项教学技能进行钻研. 在熟悉教材的基础上，重点应该考虑教学技能的运用. 要正确运用教学技能，对该教学技能的钻研是先决条件，指导教师要正确引导受训者钻研教学技能的理论，联系教材，把理论用于实践.

其次，学员备课.

当被训练的教学技能和教学目标确定之后，受训者就要根据教学目标、教学内容、教学对象、教学条件进行教学设计，选择合适的教学媒体，编写详细的教案. 教案中首先说明该教学技能应用的构想，还要注明教师的教学行为、时间分配及可能出现的学生学习行为和对策. 在动手写教案之前，应明确以下几个问题：

（1）学生学什么？即你想让你的学生在本课中学到什么知识，是事实、概念、技能、道德、观念，还是兼而有之，这些是通过对教学内容和学习任务的分析而得到明确的.

（2）目标是什么？即通过教学后，学生能做什么. 所确定的目标要明确、具体，学生确实能做到，并且是可观察和可测量的. 同时，还要区分教育目标和教学目标，以及内隐目标和外显目标.

（3）教学程序是什么？即根据对教学任务和课题的分析及所教班级学生的特

点，明确教学的步骤和顺序.

（4）为了达到教学目标和更好地向学生传递教学信息，选择什么样的教学方法和教学手段，以及使用哪些教学技能.

（5）如何评价？即对教师的教学效果和对学生的学习结果评价的方法.

3）提供示范

针对各项教学技能，提供相关的课堂教学片断，组织学生进行示范观摩. 观看录像后经过小组成员讨论分析，取得共识. 这样，学员不仅获得了理论知识，也有了初步的感知.

首先，观摩微格教学示范录像.

（1）教学示范录像片断的选择. 在选择示范录像时要遵循两条原则：一是水平要高；二是针对性要强. 示范的水平越高，学员的起点就越高；针对性越强，该技能的展现就越具体、越典型.

（2）提出观摩教学示范录像片断的要求. 在观看示范录像片断时，指导教师要先提出具体要求，明确目标，突出重点，边观看边提示. 提示时要画龙点睛、简明扼要，不可频繁，以免影响学员观看和思考.

其次，组织学习、讨论、模仿.

（1）谈学习体会. 各自谈观后感：哪些方面值得学习；对照录像，检查自己的教学与其存在哪些差距. 师范生注重前者，在职教师注重后者.

（2）集体讨论. 为了便于学生对某一教学技能的感知、理解和分析，在观摩视频或教师的现场示范后，组织受训者进行课堂讨论，分析示范教学的成功之处及存在的问题，并就“假使我来教，该如何应用此教学技能”展开讨论. 通过大家相互交流、沟通，集思广益，酝酿在这一课题教学中应用该教学技能的最佳方案，为下一步编写教案做准备.

第三，重点模仿.

示范的目的是使受训者进行模仿. 许多复杂的社会性行为，往往都能通过模仿而获得. 实际上，受训者在观看录像时，就已渗透着模仿的意义. 这里讲模仿，主要是在指导教师指导下进行重点模仿. 此外，指导教师的亲自示范或提供反面示范，对学员理解教学技能也会起到十分重要的作用.

在观摩微格视频过程中，指导教师应根据实际情况给予必要的提示与指导. 示范可以是优秀的典型，也可利用反面教材，但应以正面示范为主. 如若可能，应配合声像资料提供相应的文字资料，以利于对教学技能有一个理性的把握. 要注意培养受训者勤于观察、善于观察的能力，吸收、消化他人教学经验的能力.

微格训练阶段

4）微格教学实践（角色扮演）

微格教学实践是微格教学中的重要环节，是受训者训练教学技能的具体教学实践过程.

（1）组成微型课堂. 微型课堂要由扮演教师角色（师范生）、学生角色（受训者的同学或真实学生）、教学评价人员（受训者的同学或指导教师）和摄录设备操作人员组成.

（2）角色扮演. 角色扮演是微格教学的中心环节，是受训者训练教学技能的具体教学实践活动，在活动中，每个受训者都要扮演一个角色，进行模拟教学. 角色扮演改变了传统的老师讲、学生听的教学模式，给受训者充分的实践机会，从而使师资培训工作上了一个新台阶.

培养教学技能，必须通过真实的练习与训练，否则就难以形成技能. 微格教学中的角色扮演，给学生提供了上讲台的机会，使他们能把备课时的设想和对单项技能的理解，通过自己的实践表现出来，同时进行录像. 师范生由原来的被动听课者，变为教学活动的参与者，充分发挥了学生的主体作用，体现了微格教学的优势.

在微格教学实习室内，有指导教师、学生和摄像人员. “教师”由接受培训的学员轮流担任，学生也由学员扮演. 在微型课堂上，受训者上一节课中的一部分，练习一两种技能，所用的时间一般为10～15分钟. 在正式上课之前，受训者要做一段简短的说明，以便明确训练的技能、教学内容和教学设计的意图.

为了使“角色扮演”的效果更佳，微格教学实践应该注意以下几点：

（a）在角色扮演前，指导教师要向师范生说明有关角色扮演的规定.

（b）除了执教者和学生以外，减少模拟课堂上其他无关人员，这样当执教者面对摄像镜头时，能减少紧张情绪.

（c）扮演“教师”者要把自己当成一个“纯粹”的教师，要把自己置身于课堂教学的真情实境之中，一切按照备课计划有控制地进行教学实践活动，训练教学技能.

（d）扮演“学生”者要充分表现学生的特点，自觉进入特定情境. 有时也可以让学员扮演一位常答错题的学生，以培训执教者的应变能力. “学生”最好是执教者平时的好朋友，这样初登讲台的执教者能获得一种安全感.

（e）在角色扮演过程中，任何人不要打断“教学”，让“教师”去处理教学中的“麻烦”，技术人员在拍摄过程中，不能对“教师”提出约束条件.

（3）准确记录. 在进行角色扮演时，一般用录像的方法对教师的行为和学生的行为进行记录，以便能及时准确地进行反馈. 记录的方法是否必须用录像，要看具备的条件而定，也可以用录音或文字记录的方式.

同一小组成员在微格课堂上要轮流扮演教师角色、学生角色、评价人员角色.

反馈评价阶段

5）反馈评价

反馈评价是微格教学中最重要的一步. 在教学结束后，必须及时组织受训人员重放教学实况录像或进行视频点播，由指导教师和受训者共同观看. 先由试讲人进行自我分析，检查实践过程是否达到了自己所设定的目标，是否掌握了所培训的教学技能，指出有待改进的地方，也就是“自我反馈”. 然后指导教师和小组成员对其教学过程进行集体评议，找出不足之处，教师还可以对其需改进的问题进行示范，或再次观摩示范视频，以利于受训者进一步改进、提高.

评价过程由以下三个环节构成：

a. 学员自评

（1）照“镜子”、找差距. 由教师角色扮演者分析技能应用的方式和效果，看是否达到预期目标.

（2）列出优、缺点. 肯定成绩，找出不足之处. 如果自己认为很糟，非常不满意，可以申请重新进行角色扮演和录像. 指导教师可根据条件和时间，决定是否重录，尽量做到不挫伤学员积极性.

b. 组织讨论、集体评议

（1）评议时应以技能理论作指导，分析优、缺点，进行定性评价.

（2）根据量化评价表给出成绩，进行量化评价.

（3）提出建设性意见，提出如何做可能会更好. 指导教师要注意引导，营造一种学术讨论的氛围.

c. 指导教师评议

受训者对指导教师的评价是十分重视的，指导教师的意见举足轻重. 因此，指导教师的评价应尽量客观、全面、准确. 对于扮演者的成绩和优点要讲足，缺点和不足要讲准、讲主要的. 要注意保护学习者的自尊心和积极性，要以讨论者的身份出现，讨论“应该怎样做和怎样做更好”.

6）修改教案

针对反馈意见，修改教案，重新进行角色扮演，重复第 4 步，若角色扮演较为成功，可免此步骤.

a. 学员修改教案

根据本人录像，参考技能示范录像和技能理论，对照评议结果，针对不足之处，由学员自己修改教案.

b. 进行重教

根据评议情况，学员进行第二次实践，重复上述过程.

c. 再循环或总结

是否再循环，可以根据培训对象的具体情况和课时安排而定. 当然，在课堂教学过程中，各项技能是交织在一起的，任何单项的教学技能都不会单独存在. 如培训导入技能，重点研究导入的方式、新旧知识的联系、情境的创设等问题. 但导入过程必然用到语言技能，还可能用到提问、板书、演示等技能，只是对这些技能暂不考虑，只重点考虑导入技能的应用情况.

因此，当各项教学技能都经过训练并达到一定水平以后，指导教师应安排学习者进行各项技能的综合训练，也只有对教学技能进行综合训练，才可能最终形成教学能力.

2. 微格教学实施注意的问题

为了保证微格教学训练的实效性，我们强调以下几点注意事项：

（1）物理微格教学强调课堂情境的真实感. 缺乏课堂教学的真实情境是指微格教学实践缺乏师生间的对话、讨论. 如果删去师生共同活动的环节，必然导致“满堂灌”，或者把微格教学局限为微格试讲，从而影响对其教学感知技能的培养. 物理微格教学既然强调课堂情境的真实感，就要求在进行微格教学实践时要面对真实的课堂教学情景，而不是模拟的课堂教学情景.

（2）物理微格教学的组织形式以班、组相结合. 在组织形式上，以 5～7 名学生和一位指导教师构成一个小组，作为进行微格教学的单位. 在学习教学理论时，导师以班的形式进行启发报告，然后进行小组讨论；在进行课堂教学技能训练、讨论和评议时，则以小组为单位. 在分组时要考虑到学生的各种特点，可以采用自愿结合的原则. 在进行课堂教学技能训练时，要求同一小组选择同一课题或相近的课题，这样可以保证在讨论和评议时具有“共同的语言”，同时也便于同一小组不同学生之间的比较和相互学习.

（3）物理微格教学的时间控制. 在进行物理微格教学时，为了针对某一项基本教学技能来研究探讨，可以选择一个比较完整的教学片断作为研究单位. 然而所选择的教学片断不宜过长，一般控制在 10～15 分钟，这样探讨起来可以深入些、针对性强些. 为了使大家养成控制教学时间的习惯，我们要求每一位学生在进行物理微格教学前，对这一教学片断所需的时间作出确切的估计. 当进行到最后 2 分钟时，由控制时间的同伴发出信号，以便及时考虑结束.

3.4　中学物理微格教学技能分解

1. 导入

导入是教师在讲解新课开始时运用建立教学情境的教学方法，以引起学生的注意、激发学习兴趣、明确学习目标、形成学习动机、为新的学习活动进行知识准备等的一类教学行为.

功能：

（1）提供必要的情景引起学生注意，使之进入学习的准备状态；

（2）设置问题情景、制造学习气氛，引起学生的认知需要；

（3）明确教学活动的目标和任务，以及方向和方式，从而产生学习期待；

（4）建立与课题的联系.

构成要素：

（1）引起注意；

（2）激发认知需要；

（3）形成学习期待；

（4）促进参与；

（5）进入课堂.

类型：

（1）直接导入；

（2）复习导入；

（3）故事事例导入；

（4）直观演示导入；

（5）设疑问题导入.

……

应用要点：

（1）达到组织课堂教学目的；

（2）内容设计有利于引入新课教学；

（3）时间安排恰当、内容丰富但又紧凑；

（4）启发学生思考、引起学习兴趣.

导入技能的评价单：

日期　　　　　　任课教师

请您在听课后对以下各项进行评价，并在恰当的等级栏内画 √

评价项目	评价等级			
	优	良	中	差
（1）能引起学生注意，进入学习准备状态.				
（2）教学设计合理，能自然引入新课.				
（3）时间和内容安排衔接紧凑恰当.				
（4）能激发学生的学习兴趣.				

您有什么建议，请写在下面：

2. 讲解

讲解是教师运用口头语言的方式，向学生描绘情境、叙述事实、解释概念和阐明原理、表达思想情感的教学行为. 讲解技能是教师必须具备的一种最基本的技能.

功能：

（1）讲述事实，提供教学情景；

（2）通过阐述，帮助学生理解教材内容；

（3）启发学生思考、激发学习兴趣；

（4）体现教师情感、贯彻教育意图.

构成要素：

（1）使用例证恰当；

（2）适当进行强调；

（3）语言清晰流畅；

（4）音量和语调的变化；

（5）讲话的节奏和速度、必要的停顿.

类型：

（1）讲述法；

（2）讲解法；

（3）讲读法.

应用要点：

（1）观点与材料统一；

（2）讲解内容条理清楚；

（3）突出重点、解决难点；

（4）语言准确、清晰、通俗易懂；

（5）方法选择恰当.

讲解技能的评价单：

日期　　　　任课教师

请您在听课后对以下各项进行评价，并在恰当的等级栏内画 √

评价项目	评价等级			
	优	良	中	差
（1）讲解内容准确、观点科学.				
（2）讲解目标明确、条理清楚.				
（3）描述生动，富于感染力，有趣味性.				
（4）语言简练、清晰，普通话标准.				
（5）音量、语调、语速、节奏合适且有变化.				
（6）启发学生思考、戒除“满堂灌”.				

您有什么建议，请写在下面：

3. 演示

演示是教师把教学材料呈示给学生，或通过多媒体教学手段，以说明和印证学生所要掌握知识的一种教学行为. 演示通常是配合讲解的一种辅助手段，但是对于增强教学的直观性、形象性有重要的作用.

功能：

（1）吸引学生注意、激发学习兴趣；

（2）加深学生对所学内容的印象；

（3）提供感性材料、加快教学过程.

构成要素：

（1）演示设计；

（2）指引观察；

（3）操作控制；

（4）归纳总结.

类型：

（1）挂图、教具；

（2）实物、模型；

（3）实验；

（4）幻灯投影；

（5）电影、电视；

（6）多媒体.

应用要点：

（1）要有具体明确的目的；

（2）操作正确规范、保证演示成功；

（3）演示与讲解相结合；

（4）要有归纳总结.

演示技能的评价单：

日期　　　　　　任课教师

请您在听课后对以下各项进行评价，并在恰当的等级栏内画 √

评价项目	评价等级			
	优	良	中	差
（1）演示体现的教学目的、内容与课程内容配合紧密.				
（2）演示操作规范熟练、效果清楚明显.				
（3）唤起学生兴趣，积极探索.				

续表

评价项目	评价等级			
	优	良	中	差
(4) 指引观察及时恰当.				
(5) 归纳总结形成概念.				
(6) 演示简便易行.				
您有什么建议，请写在下面：				

4. 板书

板书是教师运用黑板向学生及时传递教学信息，帮助学生正确理解教学内容、掌握逻辑体系，提高教学效率的一种教学行为. 它与演示一样，在教师的讲解过程中起着辅助作用.

功能：

(1) 有助于学生理解教学内容、掌握逻辑体系；

(2) 有助于突出教学要求和重点；

(3) 有助于激发学生兴趣、引导和调整学生的思维方向；

(4) 有助于调节教学节奏、给学生留出思考时间.

构成要素：

(1) 板书语言准确、有科学性；

(2) 文字规范，文辞精炼、优美；

(3) 字迹清楚端正、大小合适、行书平整；

(4) 板书布局合理、整体性强；

(5) 板书出现及时、有针对性.

类型（正板书）：

(1) 纲要式；

(2) 线索式；

(3) 表解或表格式；

(4) 图示式；

(5) 对比式.

应用要点：

(1) 根据教材内容、教学目的和教学对象来确定板书设计的主题和结构；

(2) 文字简练、概括；

（3）有条理和逻辑性；

（4）简明易懂、灵活多变.

板书技能的评价单：

日期　　　　　　任课教师

请您在听课后对以下各项进行评价，并在恰当的等级栏内画 √

评价项目	评价等级			
	优	良	中	差
（1）板书反映教学内容完整正确.				
（2）有助于学生理解教学内容、掌握逻辑体系.				
（3）文字规范美观、文辞精炼优美.				
（4）书写工整、布局合理美观.				
（5）板书出现及时、书写时间掌握恰当.				
您有什么建议，请写在下面：				

5. 提问

提问是教师在课堂教学过程中向学生提出问题，以及对学生回答做出必要反应的教学行为. 它是师生在教学活动中双向交流的桥梁，是教师启发学生思维、调动学生学习积极性、了解学生学习状况的一种手段.

功能：

（1）检查教学和反馈信息；

（2）促进学生思维；

（3）引导教学过程、调节教学节奏；

（4）交流信息和沟通感情.

构成要素：

（1）设置问题指向明确、集中；

（2）有启发性；

（3）面向全体；

（4）有适当停顿；

（5）关注学生反应，并给予回应.

类型：

（1）按认知水平分类. 回忆提问、理解提问、运用提问、分析提问、综合提问、评价提问.

（2）按技巧分类. 诱导、疏导、阶梯式、对比式、迂回式.

应用要点：

（1）教师精心设计关键问题，要突出重点，难度适当；

（2）提问时机适当，依照教学进展和学生的思维过程提出问题；

（3）对教学各阶段提问的频率、数量适当；

（4）教师不仅善于提问，更应重视鼓励和教会学生提问.

提问技能的评价单：

日期　　　　任课教师

请您在听课后对以下各项进行评价，并在恰当的等级栏内画 √

评价项目	评价等级			
	优	良	中	差
（1）问题内容明确，没有歧义.				
（2）问题设计难度恰当、有启发性，促进学生思维.				
（3）提问后适当停顿，给予思考时间.				
（4）提示适当，对学生鼓励为主.				
（5）面向全体，照顾到各类学生.				
（6）对学生回答的分析评价中肯、针对性强.				
您有什么建议，请写在下面：				

6. 教态

教态是指在教学过程中教师表情、手势等体态语言的运用. 教态是教师内在素质的外在表现，对于融洽课堂气氛、增强教学效果有重要的作用.

功能：

（1）辅助语言表达、强化意思表达；

（2）吸引学生注意、增强教学效果；

（3）调节教学节奏、创造和谐的课堂气氛；

（4）对学生的正确反应进行肯定、鼓励和强化.

构成要素：

（1）着装打扮；

（2）目光关注；

（3）神态表情；

（4）手势、头部动作、身体移动.

应用要点：

（1）目的性和针对性；

（2）恰当性和灵活性；

（3）关注全体学生.

教态技能的评价单：

日期　　　　　任课教师

请您在听课后对以下各项进行评价，并在恰当的等级栏内画√

评价项目	评价等级			
	优	良	中	差
（1）穿着端庄大方、打扮自然.				
（2）目光与学生接触恰当自然、关注全体学生.				
（3）面部表情严肃而又友善、有亲和力.				
（4）神态自若、镇静，有幽默感.				
（5）教态与教学内容协调一致.				
（6）表情、目光、手势、体位等有变化.				
您有什么建议，请写在下面：				

7. 结束

结束是教师在一项教学任务的最后，通过重复强调、概括总结、实践活动、提高升华等方式，对学生所学的新知识和技能进行及时的系统化、巩固和实际应用，使刚学的新知识被妥善地、稳固地纳入学生的认知结构中的教学行为.

功能：

（1）帮助学生形成巩固的、系统化的知识；

（2）增强教学效果、加深学生印象；

（3）反馈教和学的信息；

（4）突出核心素养教育要求.

构成要素：

（1）概括要点、明确结论、突出中心；

（2）重申解决问题的思维轨迹和思维方法；

（3）为下节课学习创设悬念；

（4）适量布置作业（包括课后阅读、预习、检索资料、社会实践等），巩固学习成果.

类型：

（1）教师概括式总结；

（2）学生参与式总结；

（3）问题悬念式总结.

应用要点：

（1）及时性；

（2）系统、深化和升华；

（3）思想性；

（4）首尾相顾、前后呼应.

结束技能的评价单：

日期　　　　　　任课教师

请您在听课后对以下各项进行评价，并在恰当的等级栏内画 √

评价项目	评价等级			
	优	良	中	差
（1）概括本课的知识结构和中心内容.				
（2）升华核心素养教育要求.				
（3）学生印象深刻.				
（4）时间掌握恰当（紧凑性）、按时下课.				
（5）作业量和要求合理、有承上启下作用.				

您有什么建议，请写在下面：

8. 说课

说课是用概括的语言将一项教学活动重现出来，并加以必要的评价说明. 说课是师范生竞聘教师岗位时必须通过的一个环节，也是今后上公开课、参加教学竞赛等所必须具备的一种技能. 一节课的说课时间一般为 15 分钟左右.

功能：

（1）将教师的教学准备简要地呈现出来；

（2）说明教学的目标和教学设计的动机；

（3）有助于教师自己理清教学思路；

（4）有助于招聘学校快速筛选应聘对象.

构成要素：

（1）说明教学目标；

（2）突出教学重点、说明教学构思的理由；
（3）展示出彩的教学设计；
（4）必要的评论、评价.
类型：
（1）教案提要式（但要增加构思说明和评价）；
（2）构思过程描述式（适合还没有进行的教学）；
（3）上课过程描述式（适合已经完成的教学）.
应用要点：
（1）谈思路而非讲过程；
（2）突出重点、条理清楚；
（3）突出有新意的教学构思；
（4）要有意图的说明和必要的评论.
说课技能的评价单：

日期　　　　　　任课教师

请您在听课后对以下各项进行评价，并在恰当的等级栏内画 √

评价项目	评价等级			
	优	良	中	差
（1）教学目标明确、教学内容体现教学目标.				
（2）思路清楚、逻辑性强.				
（3）教学构思切实可行有效.				
（4）对教学构思有必要的评价.				
（5）时间掌握恰当.				
您有什么建议，请写在下面：				

第二篇
中学物理课堂教学技能训练

第 4 章　中学物理课堂教学语言技能

地球上的各种文化文明通过语言文字传播，人们通过语言相互交流，一起思考，共同分享. 而在课堂教学中，组织教学、导入新课、启发提问、分析讲授、推理论证、演示说明、过渡衔接、总结归纳等各项教学活动都需要运用相应的教学语言来完成，所以说课堂教学中的语言是教师和学生之间知识、思想、情感交流的载体，是教师的学识、人格、威信最直接的体现.

对物理教师而言，其教学语言既要有一般教学语言和生活语言的共性，同时又要有物理学科的特点，大概可以这样表达：既要有哲学语言的深刻、逻辑语言的严谨、文学语言的生动，还要有数学语言的精确、相声语言的幽默、大众语言的通俗.

4.1　中学物理课堂教学语言技能概述

教师在课堂上阐明教学内容、传授知识、组织练习，不断激发学生积极的学习情感所运用的语言，就是教学语言.

严格地说，课堂语言由有声语言（通过教师声带发声）、无声语言（体态手势语）、书面语（文字语言或板书板画）三部分组成，教师在课堂这一特定的环境中，借助有声语言（为主）和无声语言、书面语（为辅）的艺术手段，准确清晰地传递给学生知识和信息，既有听觉又有视觉，兼有时间性和空间性，它是教师完成教学任务最主要的保证.

教学语言主要在声、情、义三方面实现其教学功能. “声”是语言的发音标准、清晰、和谐，具有美感；“情”是通过语言的声调、强弱、节奏等表达各种情感；“义”是教学语言表达的思想意义，既准确又丰富.

（1）准确、清晰地传递知识信息. 教师的职责应该是用标准规范的发音和语义，选择和搭配准确的词语，向学生准确地传递教材中的科学知识和思想.

（2）实现师生间的情感交流. 在讲授中，教师富有感染的表达，一方面建立一种情境，以情育情，即以自身的情绪影响学生的心理情感；另一方面，以情感人，使学生产生共鸣，活跃课堂的学习气氛. 尤其是在表达抽象物理现象时，教师的恰当语言能唤起学生的想象，让其产生具体的表象，更好地理解物理意义.

（3）教学语言具有强烈的示范性. 教师在课堂上的言行举止间接反映了一位教师教学语言的总体形象. 这些都将对学生产生潜移默化的影响，使学生自觉或不自觉地模仿表达.

4.2　中学物理课堂教学语言的类型

教师的教学语言从不同的角度可以划分出许多不同的类型. 根据物理课堂教学中教学语言的功能、性质、特点，主要归纳成以下几种类型.

（1）叙述性语言. 教学中不论如何引进概念、定理、法则，最后总要用科学的物理语言给以阐述，经常还要把这种阐述写在黑板上，要学生在理解的基础上记住，教师写在黑板上的已知、求证、计算过程等，所使用的语言，都是这类物理语言.

（2）描绘性语言. 在教学中为了把物理教学内容逼真地描述出来，使学生处于物理情境中，唤起学生的想象和情感，语调语速应随着内容的变化，高低适度，舒缓得当，能扣住学生的心弦，引起学生学习物理的兴趣.

（3）阐发性语言. 教材中不可能把概念的形成过程、证明思路以及一段教学内容在物理中所处的地位和在实际中的具体应用全部写进去，而这些知识或思维方法又必须教给学生. 因而，教师必须从教材的整体、布局、证明过程上发掘这些内容，并传输给学生.

（4）论证性语言. 在教学中用事实或理论等论据来证明论点正确，所用的语言富于逻辑性，论证合乎推理规则，充分说明现象、事物和结论之间的因果关系.

（5）解释性语言. 在教学中对事物的成因、功能或相互之间的关系、演变等做清晰准确的解说、剖析，帮助学生加深理解、形成概念. 这种语言简练，有较强的针对性，能一针见血地讲出问题的实质，是教材中物理语言的“翻译”，经过这种“翻译”，语义变得通俗，长语句分成几个短句，与生活语言接近，容易被学生接受.

（6）启发性语言. 这种语言常用于启发式讲授、启发式提问中，不是单刀直入地揭示解决的办法，而是分析条件，分析结论，联系有关知识，寻找条件和结论的联系，探索性地提出解决方案，并用一系列小问题作导引，逐步接近结论. 音量不宜很高，语调沉稳平静，却有潜在的吸引力和导向作用，让学生在思考中获得新知.

（7）比喻性语言. 物理课堂中有很多比较难以理解的概念或一种不好表述的思想方法，但常常通过一个浅显的比喻就能说出其中的真谛. 在课堂教学中恰当而生动地引用巧妙的物理比喻，不仅使学生从中体会所比喻的物理问题，而且能活跃课堂氛围，也能诱发学生张开想象的翅膀，进行积极的思维活动.

（8）评价性语言. 在课堂上对学生的学习行为进行勉励、鞭策，以鼓励为主，对学生所犯的错误也尽量做到从正面入手给以鞭策性指导. 评价内容要中肯，用词要恰如其分，表扬时热情真诚，鞭策时诚恳耐心，充分体现教师对学生真心爱护.

4.3　中学物理课堂教学语言应用要领

从物理教师工作的职责和学科特点出发，在运用教学语言上，应当遵循下列基本原则.

（1）准确性和简明性. 物理概念、法则和规律都需要用准确简练的教学语言表达，使其符合本学科的科学性. 这就要求物理教师用语规范，语义确切，能准确无误地表达概念，推导公式，总结规律，不能含混不清. 特别是初中物理教学中，由于受学生认知水平限制，有些内容不能按科学定义表述，教师在组织教学语言时，一定不能违背科学性.

（2）逻辑性和严密性. 物理学是一门严谨的科学，物理教材中用来表示概念、定理、定律的语句都十分精练、十分确切，往往是多一个字少一个字都不行，前后颠倒也不行.

（3）趣味性和启发性. 物理教学不仅以传授知识为目的，还担负着培养思维方法、发展情感态度价值观的重任. 语言的启发性是指教师根据教学的规律和学生思维的发展特点与需要，运用适时而巧妙的话语开导和点拨，使学生通过自己的思维，主动地获取知识，这样就要求教师重视知识形成的思维过程，努力使自己的教学语言具有启发性，而不是简单地将知识的结论直接告诉学生.

（4）针对性和教育性. 物理教师的语言主要是在课堂教学中使用的，因而必须针对具体教学过程中的各个因素，比如教材内容、学生年龄、课堂上学生接受知识的情绪等. 针对性的语言，从教育学的角度讲，就是因材施教.

（5）艺术性和幽默性. 物理教学不仅是一门科学，也是一门艺术. 幽默作为一种教学艺术，不是想幽默就幽默得起来的，一个富有幽默感的教师必须有敏锐的观察能力、敏捷的思维能力、良好的情绪自控力、幽默的心态以及一定的幽默技巧.

在以上基本原则下，教学语言功能的全面实现是有声语言和无声语言共同作用的结果，能够熟练运用是课堂教学实施的重要保证. 下面就针对其中包括的基本语言和教学组织语言、无声语言（态势语）进行一些要领整理.

1. 基本语言应用要领

基本语言是指在社会交际中公众都必须具备的语言技能，对教师来说就意味着运用声音把大量组织好的语言有效地在课堂上传输出去.

（1）语音规范，吐字清楚. 在教学中，对语音最基本的要求是规范，即养成用普通话来教学，语音中出现的方言、乡音是进行交流的极大障碍，一旦涉及物理教学上的专业术语，发音不标准、不规范，有时会让人费解.

（2）音量适度. 教学语言的音量的总体要求是高低适中、强弱相间，即前排学生不认为是一种噪音，最后一排又能听清楚.

（3）语速适中. 教师讲授与演讲、朗诵不同，其教学任务不是把讲稿在一定的时间内念完，而是要让学生听懂，所以应有灵活的节奏变化，做到轻重缓急、断连起伏、张弛有度. 不同的教学内容对学生而言难易不同，应根据教学过程中学生的思维速度来决定语言节奏，一般地说，在学生注意力集中、精神饱满时，语速可快一些，语调可低一些；学生思维疲劳、注意力分散时，语速可慢一些，语调可高一些.

（4）停顿合理. 适当的停顿不仅是教师在生理上调节气息的需要，也是更好地表达教学内容、正常表情达意的重要技巧. 恰当运用停顿可以提高语言的精确性和表现力，但停顿绝不是简单的声音上的间歇，停顿太少、太短会讲得上气不接下气，而停顿过多、过长会把语句弄得支离破碎，使人莫名其妙. 教学中教师要根据所要表达的不同意思而采取不同的停顿，即语法停顿、逻辑停顿、心理停顿三种. 物理课堂教学中着重于逻辑停顿，往往根据物理知识之间的内在逻辑关系而停，以突出语意部分.

（5）重音正确. 一句话包括许多词语，它们在句子中的表意作用不可能完全相同，总有一些词语比较重要，是一句话的中心和主体，讲授时如果能找到表意重点并加以适当重读，便能对整句起到画龙点睛的作用. 重音主要是强调，但不一定要读得很重. 有时用低和轻的声音仍然可以表现出重音的特点. 运用重音必须注意使整个句子语气协调、音调和谐、轻重恰当.

（6）语调变化. 任何语言的表达都需要抑扬顿挫，也可以叫高低起伏、轻重缓急的统一. 语调的抑扬主要有四种表现形式：“平”“抑”“扬”“曲折”. 教师根据学生的心理特征，讲课有张有弛才能始终维持学生的注意力. 选择和运用语调，必须从教学内容出发，并要注意考虑语言环境和现场效果，物理教师只有对所讲的内容有深刻的理解，有鲜明的态度，有真实的感情，语调的运用才有可能准确、自然、恰到好处.

（7）节奏鲜明. 节奏主要通过教师的语气、语速和语调三个方面来表现，三个方面又集中在讲述的“轻重、缓急、抑扬、顿挫”八个字上，这些要素总是密切联系、交替出现、互相渗透.

（8）口语化. 怎样才能做到说起来“上口”，听起来“入耳”呢？讲课的语言要尽量通俗易懂，这是由教育教学的特殊情景所决定的，教师如果不改造专业术语，就很难让人听懂，尤其在物理教学中表现得更为明显. 新教师上台经验少，往往把教案写得很详细，甚至于每一句话都事先拟好，写完后那就必须照稿讲一讲，看看是否上口，把那些不适合讲课的书面语句改为口语化的语言，用浅显的语句来解释难理解的术语，多用短句，尽量不用倒装句或浓缩的省略句，改换不易明白的文言词和生僻成语. 特别要注意口语化和口头语的区别，如讲课时不断地夹杂着“这个”“那个”“是吧”“对吧”“嗯”“唉”之类的口头语——这不是我们要提倡的口语化，是需要克服去掉的.

2. 教学组织语言应用要领

在课堂上，教师要从一定的教学目标、教学内容、教学对象出发来组织自己的语言，即选择合适的词语构成恰当的句子来准确地表达教学内容.

（1）科学. 首先表现在语言所表述内容的科学性，即教学内容应准确无误. 其次，表现在语言要符合物理学科的规范性. 因为物理学有一套符合本学科特点的特殊语言，如物理符号、概念、公式、图表、物理模型等都是物理学常用的语言. 第三，表现在语言的准确性方面，对概念的内涵与外延的把握要准确到位，对某些特殊的字、词要表述严谨.

（2）条理. 教师在表达物理概念和规律时，常常先后存在一定的因果关系、推理推论，这就需要有逻辑地组织语言，有时候还体现在整堂课各知识点间的层次.

（3）简明. 在课堂授课时，要求在规定的时间内完成教学任务，这就要求教师不能重复啰唆. 物理教师的教学语言大多属于严谨的科学语言，更应注意各种用语的简明扼要.

（4）生动. 教学组织语言过程中要注意用词的形象性和词的感情色彩，能启发想象、联想，配合外在表达上的生动，把抽象的道理具体化、形象化.

（5）启发. 这样的语言要具有扇子的作用（即把学生主动思维的热情扇得很旺）、向导的作用（即给学生指出学习认识的思维方法）、桥梁的作用（即使学生新、旧知识联系）、锄头的作用（即刨出重点、难点和疑点）.

3. 无声语言（态势语）应用要领

美国心理学家艾伯特·梅拉比安（1968 年）通过实验测定得出：信息资料总效果=7%的文字+38%的声音+55%的面部表情. 他解释，这里的“信息总效果”，是指口语和态势语综合运用所获得的社会交际效果，“面部表情”应是“眼神、手势”等态势语的代称. 这个公式充分说明了无声语言在教学表达过程中的重要作用. 下面就从面部表情、手势、姿势、衣着四个方面谈一下教师应该注意的事项.

（1）面部表情. 面部是感情的晴雨表，学生可以从上面读懂教师的情感世界，教师也可以通过面部表情给学生施加心理影响，引起其思想的共鸣. 这其中特别是眼神更能深刻表达无声的语言. 教师一站上讲台，在整个教学中，他的眼睛几乎把他的一切——思想、情感、知识等——毫不掩饰地展现给学生，同时根据学生的眼神反馈出的信息，辨析学生听课的状况，然后对症下药，或调节教学进度，或改进教法，或放慢速度，或增删内容. 对面部表情的总体要求就是庄重、亲切、幽默.

（2）手势. 准确适度的手势不仅具有形象、指示、情意、象意等多种功能，而且还可以增加教师有声语言的说服力和感染力. 物理教学中手势语使用频率很高，教师通过手指、手掌、拳头、手臂的综合运用来传递教学信息，不仅使物理学上抽象的内容形象化，而且还能节省教学时间，从功能上看，教学中常用的手势类别大致有以下三种.

（a）情意手势，即表情达意的手语. 它的主要作用是表达教师说话时的感情，表达教学内容的情意，使其形象化、具体化，加深学生对有声语言思想感情的理解. 如挥动拳头表示愤怒，摊开双手表示无可奈何，伸大拇指表示点赞等.

（b）指示性手语，这种手势是用来指示具体真实对象的，相当于一个信息符号. 课堂教学中，最常用的是提问学生时，可以用手向上一抬，示意学生起立，回答完毕后，可以用手掌往下一压，示意学生坐下，或用手指着黑板上某概念要学生重点理解.

（c）描述性手势，又称形象手势，是最能展示一个教师的教学风格特点的一种手势，它在教学中主要用于比划一些抽象事物的大小、形状和结构等，如果用得恰当，不仅能引起学生心理上的联想，启发学生的思维，而且能化抽象为具体，克服教学的难点. 这种手势需要教师有意识地在教学前加以设计，然后不断练习，让手势更形象、更准确地表达物理含义.

（3）姿势. 在课堂中，教师授课一般采用站姿：重心稳定、精神饱满、神态自然. 它是态势语中的重要部分，也能够反映一个人的素养和风度. 教师不宜使用背对学生这一身体指向与学生进行交流，一般来说，它所表示的都是否定性含义，但在进行板书等工作时，背对学生不会产生消极影响，需要注意的是背对时间不能过长. 此外，教师授课时，要注意身体不能阻挡学生观看板书及物理实验现象的视线. 教学中教师进行一些走动和移步也是非常有必要的，这不仅可以展现教师优美的风度与气势，而且有助于内容的表达并促进师生互动，当然走动频率也不宜过多.

（4）衣着. 教师在教学情景中的衣着、装饰以及打扮的特点，可以反映一个人的精神气质，还可以反映一个人的文化素养、审美观念和知识水平，从一定意义上看，外表修饰虽然不直接传达与教学内容相关的信息，但它却是影响教学活动和教学效果的一个潜在的、不可忽视的因素. 打扮不在于华贵，不在于时髦，而在于大方得体，具体要求有整洁、舒适、得体.

4.4　中学物理课堂教学语言技能应用案例与分析

1. 实例 1——“声音的产生与传播”教学语言

1）使用教材

初中八年级上册物理第二章第 1 节，人民教育出版社.

2）课堂教学片段实录

师：同学们，声的世界是非常丰富的，大家拿起身边的东西尽可能地制造声音，看谁最有创意.

（学生活动：大声讲话、唱歌、敲打桌子、吹口哨、鼓掌、响指……教师站在讲台上环顾教室）

师：太震撼了!大家都这么有创意，可见你们是多么地聪明！表现非常出色！

（赞赏地拍了拍一些学生的肩膀）

师：刚刚同学们的表演很精彩，但是老师想知道，你们制造的声音是怎么产生的？再重复刚刚的实验，看看有什么新的发现？用手摸住喉咙再说话、唱歌.

（学生边重复刚刚的动作，边讨论思考教师的问题，教师站在讲台上板书）

师：说话时摸住喉咙的手有什么感觉？声音是怎么产生的？

生：感觉喉咙在振动，声音是由于物体的振动产生的.

3）评价

观点 1：一次相对吵闹的制造声音活动中，教师采用的有声语言是积极肯定的，采用的无声语言是赞赏地拍一拍学生的肩膀，这都使学生有成就感，激发对后续问题探究的兴趣.

观点 2：学生两次进行活动时，教师都采取了“不理睬”的无声语言，第一次是环顾学生，第二次是进行板书，都欠缺与学生深入的课堂语言交流，不能很好地对学生活动进行指导.

观点 3：教师在第二次布置活动时的语言指向性非常明确，一场有创意的制造声音活动中，学生体验，接着一个非常明确的设问把活动带入物理知识，正如“I hear and I forget，I see and I remember，I do and I understand”（我听说了，然后又忘记了；我看到了，于是我记住了；我动手做了，我才明白了其中的道理）.

2. 实例 2——“中考浮力压强专题复习《小木块浮沉记》”教学语言

1）使用教材

初中八年级下册物理第十章，人民教育出版社.

2）课堂教学片段实录

师：小木块的浮沉我们已经帮助它完成了，那么在海中的那位男主人公杰克该如何去拯救呢？结合图 4.1 首先思考第一个问题：综合考虑，导致杰克最后遇难的因素有哪些？

图 4.1　《小木块浮沉记》情景图

生 1：水淹的呗.
生 2：可能是太冷了吧，都是冰水.
生 3：可能体力不支.
……

通过一段实验研究视频得到结论：身体大部分浸在温度过低的冰水中时会丧失知觉从而落入水中.

师：仔细观察图 4.1，结合刚刚复习的浮力知识，接着我们分组讨论下面两个问题：从实际角度分析，采取哪些措施能够让杰克存活概率更大？结合学过的物理知识，比较有效的措施是什么？

（教师参与各个组的讨论，倾听他们的奇思妙想，思维碰撞的火花在课堂上闪现.）

组 1：我们组觉得可以让杰克去其他地方打捞些木板，这样就可以增大整体浮力效果.

组 2：可以往海里倒盐，密度大了就能浮起来.

其他组：哈哈，那得需要很多盐啊！

师：有理论依据，不错的想法，正好有一艘运盐的船路过就好了.

组 3：可以让女主人公把救生衣给杰克.

其他组：但是杰克还是会丧失知觉冻死的.

组 4：让女主人公下水，杰克爬上木板.

女生们：怎么能这样！

师：尽管算是个方案，但是从人性道德来说这是不可取的，男同胞要更有社会担当.

组 5：我们组想到，是不是可以把女主人公的救生衣脱下来绑到木板下，这样就可以增大可利用的排开液体体积，从而增大有效的浮力（图 4.2）.

师：非常棒的想法！这与科学研究机构的科学家们的想法都不谋而合了！

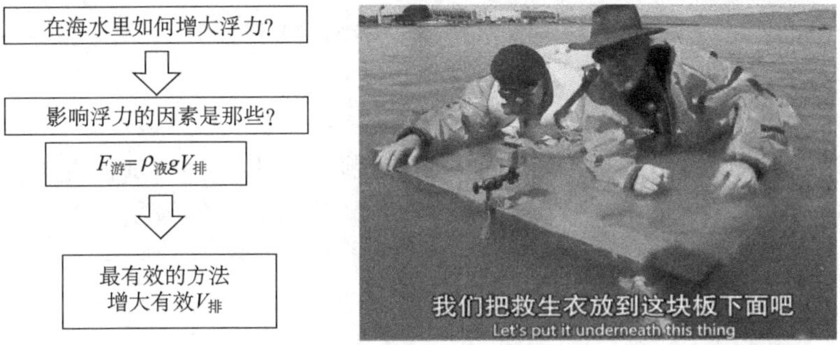

图 4.2　增大浮力原理与情景图

师：听了所有小组的报告，大家能利用浮力知识来拯救杰克，这就是物理，它就是你离开学校后遇到事情时仍然可以帮助你的东西.

3）评价

观点 1：课堂语言的表达是民主课堂氛围构建的重要保障，一个问题能够引导学生广泛参与讨论并且积极分享自己的观点，就要求教师精准地把握教学语言.

观点 2：参与学生的分组讨论，听取学生的想法，能够更好地组织学生进行后续的交流活动，把深刻、有趣以及需要引导的问题都真实地摆在学生面前.

观点 3：教师语言是要能够引导课堂、引发学生进行思考的，特别是在学生讨论结束后，教师总结性的语言就非常重要，它能够提炼观点，升华课程的情感价值，帮助学生在理性和感性上有更明确的认识.

3. 实例 3——“楞次定律”教学语言

1）使用教材

普通高中教科书物理必修 2 第二章第 1 节，人民教育出版社.

2）课堂教学片段实录

师：如何理解“阻碍”“变化”的含义？
（停顿 10 秒）
师：谁在阻碍谁的变化？
生：感应电流的磁场阻碍原磁通量的变化.
师：如何阻碍？
生：当磁通量增加时，阻碍磁通量增加；当磁通量减少时，阻碍磁通量减少.
（带领学生最终总结出“增反减同”）
师：能否阻止？
生：不能阻止. 只是延缓了增加和减少磁通量的时间.

3）评价

语言具有很好的启发性. 用一系列小问题做导引，逐步加深学生对“阻碍”“变化”的理解. 音量适中，语调沉稳平静，却又有潜在的吸引力和导向作用.

4. 实例 4——“磁场”教学语言

1）使用教材

普通高中教科书物理必修 3 第十三章第 1 节，人民教育出版社.

2）课堂教学片段实录

师：通电螺线管中的安培定则：让右手弯曲的四指与环形电流的方向一致，伸直的拇指所指的方向就是环形导线轴线上磁感线的方向，即大拇指所指的那一端是通电螺线管的 N 极（教师一边说，一边伸出右手，握住标注了电流方向的自制线圈，走到学生中间去）.

3）评价

为了直观形象地表述物理概念和规律，直接用体态和手势语来表达，属于象征性和说明性体态语.

5. 实例 5——“牛顿第三定律”教学语言

1）使用教材

普通高中教科书物理必修 1 第三章第 3 节，人民教育出版社.

2）课堂教学片段实录

师：今天呢，（右手撑着桌子，左腿支撑，右脚脚尖点地在左腿前呈交叉状）我们来学习牛顿运动定律中的第三个定律——牛顿第三定律. 那么，牛顿第三定律研究的是什么问题呢？

师：接下来我们看一个视频（一个穿着旱冰鞋的同学站在墙边）. 同学们，猜一下，这位同学用力推墙，会出现什么情况？

（教师伸出双手，做推墙的动作）

生：向后运动.

师：对，向后运动，那是什么原因使这位同学向后运动呢？（停顿、环视学生）

师：什么原因？

学生：因为力的原因.

师：请你说详细一点.（教师单手掌心向上，上抬，轻柔掀起一次或几次）

3）评价

观点 1：教师一开始手撑桌子等动作，属于与课堂教学没什么关系的适应性动作和调节性动作，是不自然的教态. 在课堂上，教师应该采用重心稳定、精神饱满、神态自然的姿势.

观点 2：教师伸出双手，做推墙的动作，属于描述性手势，能引起学生心理上的联想，化抽象为具体，启发学生的思维. 注视和环视学生属于表露性体态语，能让学生感受到教师对他的关注，有可能让他起来回答问题，督促学生积极地思考问题.

观点 3：教师在提问学生的同时，掌心向上，轻柔掀起一次或几次，单手上抬，表示“起立”，邀请的手势，属于指示性手语，表达了对学生的尊重，给学生一种平等感. 如果教师用食指点学生起立，有强制的性质，让学生潜意识里产生一种被审问的感觉.

总之，教师的教学语言水平是教师完成教学任务的最主要的保证. 课堂教学中的语言，是教师和学生之间知识、思想、情感交流的载体，是教师的学识、人格、威信最直接的体现. “博学之，审问之，慎思之，明辨之，笃行之”，就一定能把握较高的驾驭语言的能力和技巧.

第 5 章　中学物理课堂教学提问技能

科学探究中需要发现问题并提出问题，一个好的问题能够帮助人类社会进步，而课堂中的精彩提问能够让教学事半功倍. “读书无疑者，须教有疑，有疑者，却要无疑. ”提问是课堂教学中的基本教学活动，是实现师生互动的基本途径，课堂提问设计的成功与否会直接影响课堂教学的效率.

5.1　中学物理课堂教学提问技能概述

1. 概念

课堂提问是指教师在课堂教学中，根据学生已有的知识或经验，对学生提出问题，并引导学生思考，促进学生参与学习，了解他们的学习状态，启发思维，使学生理解和掌握知识，发展思维能力的一种教学行为. 课堂提问是目前教学中常用的一种教学方式，这种方式交流最直接，信息交换的效率最高，反馈最及时，师生的情感活动最丰富.

教师设计的系列问题应该依照某些结构进行，这些结构可以是学生本身的认知结构和物理知识的逻辑结构等. 从学生本身的认知结构设计问题，应注重问题由感性到理性，由具体到抽象，由记忆到理解再到运用，问题设置应循序渐进. 从物理知识的逻辑结构设计问题，应注重知识的逻辑线索和物理学常用的分析解决问题的方法.

提问对象应该在全体学生中随机地分布，要使全体学生都参与思考，以调动每个学生思考问题的积极性，让每一位学生都有回答问题的机会. 在学生初次回答后，为了帮助学生对最初的问题形成更合适的答案，教师可进行探查指引：对回答不明确、不全面、不深刻的学生，可进一步追问；对离题的回答，要及时改变语言角度或改换提问的方式，引导学生按正确的思路去思考问题. 这样的交流中，学生可以通过教师的帮助调整和理顺思路，加深对问题的认识，掌握解决问题的方法，培养科学的思维. 教师在提问时不要一味追求学生答案正确，最难能可贵的是在学生答错时引导学生思维，将该学生的思维过程暴露给全体学生，不仅便于教师了解学生思考问题的方法，而且能达到学生间相互交流启发，取长补短，提高分析问题的能力的目的. 在提问时，教师要自始至终细心观察学生的反应，慎重处理学生的回答，及时给予评价：对学生的回答应坚持以表扬为主，也可以从不同角度对学生所答的内容加以补充，以促进学生深入思考和加深学生的理解；对回答中的不准确，不应该只是否定，可引导其他学生参与评价、矫正、补充和扩展. 教师对学生的回答及时评价，可使学生明确思维方向，并强化学生对知识的巩固和理解.

2. 课堂提问对教学的作用

（1）引起注意，激发兴趣；
（2）启发思维，主动学习；
（3）反馈评价，调控教学；
（4）提供参与机会，发展表达能力.

3. 提问的方式

教师在课堂上提问的方式一般有对问、齐问、自问、直问、曲问、追问、联问、正问与反问.

表 5.1　课堂提问的方式

对问	教师提出问题请个别学生回答，针对性强，可控性好
齐问	教师提出问题，全班学生一齐回答. 这种提问的优点是方便、省时，易操作；缺点是盲目性，课堂纪律难以控制
自问	教师精心设计问题，将问题提出后，并不要求学生作答，而是自问自答. 它能吸引学生的注意并造成学生的悬念感
直问	开门见山，直截了当地提出问题，有助于集中学生的注意力
曲问	从侧面或反面提出问题，有助于学生澄清概念和规律，疏通思路
追问	针对某一概念或某一规律，一问之后再次提问，穷追不舍
联问	针对某一部分知识点，设计一组问题，问问相接，环环相扣，使学生在弄清每一个知识点之后，又能从整体上把握知识间的内在联系
正问与反问	正问是教师从问题的正面设问，反问则是从问题的反面设问. 正问和反问可以促进学生从问题的两个对立面出发加深对知识的理解，能培养学生对问题进行正向与逆向思考的能力

5.2　中学物理课堂教学提问的类型

在中学物理课堂教学中，课堂提问的类型应该是多种多样的，有根据学生的认知水平所设计的提问，有根据物理知识的难易程度采用一定技巧的提问，有按照提问所实现的教学功能的不同的提问等. 不管采用何种提问方式或方法，都必须有助于物理课堂教学目标的实现.

1. 按学生的认知水平分类的提问

（1）回忆性提问. 这要求学生再现已经学过的知识，回忆的信息包括：①物理事实和现象；②概念、规律、公式、单位、常数等；③对某一问题的研究方法和结论.

（2）理解性提问. 这要求学生知道已学知识的含义，能在相关问题中进行叙述、比较、说明等.

（3）应用性提问. 这要求学生应用所学的知识解决某一具体的物理问题.

（4）分析性提问. 这要求学生分析具体物理情景中研究对象与外界之间的作用.

（5）综合性提问. 这是在分析的基础上把物理对象的各种关系统一考虑，形成整体认识. 学生需要掌握较多的信息和进行比较复杂的思维加工才能形成答案. 因此，综合性提问可以作为主问题在课堂的开头设问，然后层层分析，最后获得解决，也可以在一系列问题之后出现.

（6）评价性提问. 这是根据内在证据和一定的价值准则对学习对象作出的判断. 评价一方面是对学习内容的科学性、内在逻辑的一致性和使用方法的优劣进行评价；另一方面是对学习对象的科学价值、社会价值和学习者个人的观念进行评价.

在这六类提问中，前三类提问属于低级认知提问，这类问题一般只有一个正确答案. 后三类提问属于高级认知提问，这类问题通常没有唯一正确答案，可能是一些答案比另一些答案好一些，而且这类问题仅靠阅读或记住教学材料是无法获得答案的. 回答这类问题要求学生组织自己的思想寻找根据、解释或进行概括等. 有经验的物理教师，几乎在每一节课中，都要精心设计不同水平的形式多样的提问，选择恰当的时机，引导学生去回忆、理解、应用、分析、综合和评价等，并多以高级认知问题发展学生的思维能力，提高课堂教学的效果与效率.

2. 按提问的技巧分类

（1）诱导提问. 诱导提问的重点在于“诱”字，教师的问题含有提供思路，或暗示结论，或比喻、类比的诱导信息，学生需要主动思考才能利用这些信息，获得正确答案.

（2）疏导提问. 在学生遇到知识障碍或者思维障碍时，教师通过提问为学生指明绕过障碍的方向.

（3）迂回提问. 当学生学习产生困难而无法直接克服时，教师对此设计系列问题，引导学生越过障碍.

（4）分段提问. 把难度较大的整体内容分成几个并列的或递进的小问题来提问，这样就可化整为零，各个击破. 一个个小问题解决了，整个问题也就解决了.

（5）引趣设疑提问. 一般有利用实验设问和利用自然现象设问，多用于新课的导入中，富有趣味性的提问，往往能激发学生学习的积极性并能从学习中体验到快乐.

（6）间接设疑提问. 为了解决一个问题，设计一组问题逐个引导学生，让学生的思维随着设计好的方向螺旋上升，学生容易接受且理解深刻.

（7）推理设疑提问. 一般是比较综合的问题，在推理时，问题设置的方向要注重诱导学生回顾旧知识，联系新知识，并重新整合.

（8）发散性提问. 答案是开放性的，对学习者来说，解答发散性提问不能依赖回忆某一事实或知识，而需要整合大量的已学知识，想象和设计自己的解答方案.

（9）悬念设疑提问. 教师提出新奇的问题，只问不答或问后给出学生认为不可能的答案，授课结束时给出答案或解释，使学生始终处在积极的思维活动之中.

3. 按提问的功能分类

（1）温故知新. 许多新的物理知识和已学过的旧知识是相互联系的，一些物理概念和规律是建立在旧知识的基础上的，教师在引入新内容时，可以用提问的方式帮助学生一起回忆复习已学过的物理概念和规律，为引入新知识准备材料、打好基础.

（2）层层分析. 物理课本上知识内容都是安排得有层次的，教师的讲授也必须一层一层地深入展开，教学过程中可以设计一些问题，引导学生层层分析. 这种方式可以随着问题的深入，让学生沿着教师的思路动脑，既讲清了物理概念，又提高了学生的思维能力. 教师在系列提问过程中，要不断给予学生各种提示、鼓励和启发.

（3）衔接内容. 教师在讲述教材内容时，提出探询式问题，这种提问不要求学生立即回答，而是用一个问题紧扣住下面的教材内容，层层铺开，最后才让学生来回答这个问题. 这种方式可以激起学生对这一问题的兴趣，从而引起注意，积极思维，主动求知.

（4）针对重点. 在教学过程中，对于重点内容，教师可以设计一些提问，以引起学生的重视，这类问题应从各个角度出发，有助于学生对所学重点内容的理解.

（5）类比联系. 通过类比提问，可以使学生对于物理学中一些既有联系又有区别的知识加深记忆和理解，并有助于学生通过分析比较总结出一般的规律和特性.

（6）归纳总结. 在一课或一单元结束时可用总结性提问方式引导学生回顾学习过程，教会学生总结概括学过的内容，养成良好的学习习惯.

5.3　中学物理课堂教学提问应用要领

有趣并有效的问题能够让物理课堂“活动”起来，教师通过问题让知识建构更加顺畅，学生通过问题让脑筋转起来，那么中学物理课堂教学提问就需要遵循一定的原则：突出重点，讲究有效性；难易适度，讲究科学性；源于生活，讲究趣味性；循循善诱，讲究启发性；随机应变，讲究灵活性；注重方法，讲究针对性；准确评价，讲究时效性；面向全体，讲究全员性.

在这些原则下，教师在物理课堂上提问时需要把握以下要点.

（1）明确与连贯. 含糊不清的问题很难让学生展开思维，不确切的问题必然会产生多种回答而引起混乱. 欲使提问达到引人注意、启发思维的目的，提出的问题必须目的明确、意义连贯.

（2）启发与诱导. 学生回答问题时，教师可抓住以下时机进行启发诱导：

（a）当学生的思维局限于一个小范围内无法“突围”时；

（b）当学生疑惑不解，感到陷入困顿时；

（c）当学生各执己见，观点不统一时；

（d）当学生无法顺利实现知识迁移时.

不要提出大而广的问题，使得学生无从答起. 有些问题可以以化大为小、化难为易的方式提出；提问要有利于培养学生的思维能力，问题要从具体到抽象，从感性到理性，从简到繁，循序渐进. 要在思维的关键点提出问题，这些关键点一般表现为下列几个方面：知识的衔接点；思维的障碍点；实验的要害点；问题的变通点.

（3）停顿与思考. 提问要让学生有准备地回答，即提出问题后要停顿，让学生有思考时间，以达到调动全体学生思维积极性的目的.

（4）时机与应变. 时机选得准，在知识的重点、难点等关键处提问能起到事半功倍的作用，否则影响效果. 教师对学生的各种回答要及时回应，学生回答有错时，教师要能及时判断，善于“应变”及引导.

（5）态度与感情. 教育心理学研究成果表明，只有当学生感觉到教师的关心时，他才更愿意与教师积极配合，尽最大努力回答教师所提出的问题，师生之间的感情对提问的效果有很大的影响.

（a）教师要创设良好的提问环境，不论是在轻松还是适度紧张的氛围提问，都要保证课堂的民主，要注意师生之间的情感交流，消除学生过度的紧张心理，不用强制性的语气和态度提问.

（b）教师在提问时要保持谦逊和善的态度，提问时教师的面部表情、身体姿势以及与学生的距离、在教室内的位置等，都应使学生感到信赖和鼓舞，而不能表现出不耐烦、训斥、责难的态度，否则会使学生产生回避、抵触的情绪，阻碍问题的解决. 例如，教师用鼓励和试探的目光与学生交换意见：“你能站起来回答问题吗？”教师也可以伸出右手，掌心向上，面带微笑：“××同学，请你回答.”学生回答正确，教师为他鼓掌点赞：“很好！完全正确，请坐. ”学生回答不确切，教师多角度进行启发，用鼓励的目光和表情让学生获得信心. 即使学生一字未答，教师仍然温和地说：“没关系，请坐. ”虽然教师没有批评，但学生看到教师那种安慰的表情和目光，会感到惭愧.

（c）教师要耐心地倾听学生的回答，对一时回答不出的学生要适当等待，启发鼓励，对错误的或冗长的回答不轻易打断，更不要批评学生，对不做回答的学生不要批评、惩罚，应让他们听别人的回答.

（d）教师要正确对待提问的意外. 有些问题，学生的回答往往出乎意料，教师可能对这种意外的答案是否正确没有把握，无法及时应对处理. 此时，教师切不可妄作评判，而应实事求是地向学生说明，待思考清楚后再告诉学生或与学生一起研究. 当学生纠正教师的错误回答时，教师应该虚心接受，与学生相互学习，共同探讨.

（6）归纳与总结. 学生回答问题后，教师应对其发言做总结性评价，并给出明确的问题答案，使他们的学习得到强化. 必要的归纳和总结，对知识的系统与整合，认识的明晰与深化，问题的解决，以及学生良好思维品质与表达能力的形成都具有十分重要的作用.

（7）注意课堂提问常见问题.

（a）模糊不清、内容没有针对性的提问. 提问如果模糊不清，就很难让学生展开思维，不确切的问题必然使学生产生多种回答而形成混乱. 若提问内容没有针对性，提问脱离教学重点或提问内容过于简单等，虽然提问不断，课堂热闹，但只是流于形式，华而不实. 这样的提问对启发学生思维、培养学生的能力没有任何益处.

（b）提问数量多，没有停顿. 在物理课堂教学中，有些教师为了调动学生学习的主动性，提问多而又要节省课堂时间，没有停顿就点名要学生回答，不给学生一定时间的思考，学生回答问题往往不理想，打击了学生学习的积极性.

（c）先点名后提问，忽视学生的思维过程. 这样的提问并非面向全体学生，没被点名回答问题的学生就可能会不专心听，实际上只有被提问的学生思考.

（d）提问只求正确答案，排斥学生思维. 有些教师在提问时见学生回答与标准答案不一致，没等学生说完就另点一个学生回答，排斥学生思维，打击学生学习的积极性. 这种只注重提问结果，不尊重学生观点的提问会使学生消极对待学习，扼杀学生的创造性思维.

（e）集中选择某几个学生提问，往往是形式上的反馈. 有些教师提问时往往只选择某几个学生提问，忽略了其他学生的存在，使他们对学习失去兴趣和积极性，也使他们掌握的知识没有得到及时的反馈. 这样的提问只是一种形式，所反馈的信息也是表面的东西，不可能达到预期的教学效果.

因此，教师要避免上述问题，关键在于从物理教学特点和学生实际情况出发，精心设计课堂提问，提高课堂提问的有效性，以下就来看几个中学物理课堂教学中的提问及评析.

5.4　中学物理课堂教学提问技能应用案例与分析

1. 实例 1——“汽化与液化”教学提问

1）使用教材

初中八年级上册物理第三章第 3 节，人民教育出版社.

2）课堂教学片段实录

学生进行水的沸腾实验后，师生共同进行实验总结.
师：同学们仔细观察实验现象后发现，水在沸腾前有没有气泡？
生：有.（齐声）
师：沸腾前的气泡上升时是由大变小，还是由小变大的？
生：由大变小.（齐声）
师：水在沸腾时有没有气泡？
生：有.（齐声）
师：沸腾时的气泡上升时是由大变小，还是由小变大的？
生：由小变大.（齐声）
师：水中的气泡是怎么形成的？
（学生没有回答，七嘴八舌小声讨论）
生：老师，您是指沸腾时的气泡还是沸腾前的气泡呢？

3）评价

观点 1：最后学生反问老师，显然是由于教师关于气泡问题的指向不明确导致的，学生自然会卡壳.

观点 2：师生互动一问一答看上去挺和谐的，但是用过杂、过碎、过滥的问题贯穿课堂，让“满堂灌”变成“满堂问”，只关注学生的“说答案”，而忽略了学生的“思考”.

2. 实例 2——“电流和电路”教学提问

1）使用教材

初中九年级全一册物理第十五章第 2 节，人民教育出版社.

2）课堂教学片段实录

师：导体中要有持续电流需要哪些条件？（请一个学生站起来回答）

生：电源和通路.

师：那电流是怎样形成的呢？（接着追问）

生：电子定向移动.

师：正电荷定向移动可以形成电流吗？（发现回答有漏洞，补充问）

生：可以，应该是电荷定向移动就能形成电流了.

师：非常好！那什么让电荷发生了定向移动呢？（继续追问）

生：电源.

教师演示由电源、开关、灯泡、导线组成的简单电路，闭合后灯泡亮了，验证这位学生给出答案的正确性. 接着换上两节废旧电池重新实验，发现灯泡不亮了.

师：为什么灯泡不亮了？（环顾全班，向所有学生提问）

生：废旧电池.

师：为什么新电池会使电荷定向移动，而废旧电池不能呢？电源究竟是靠什么使电荷发生定向移动的呢？

生：……（回答不上来，心中必定疑惑，对接下来的内容产生好奇和兴趣）

3）评价

观点 1：教师提问非常注意倾听学生的回答，学生回答“电子定向移动”,显然对这个知识点存在一些漏洞，教师能够补充追问，不仅让这名学生印象深刻，对于其他学生也是一种巩固.

观点 2： 简单的复习导入是没有吸引力的，而教师提问能够击中学生的关键处，那效果就大大不同了，最后那个问题“为什么新电池会使电荷定向移动，而废旧电池不能呢？电源究竟是靠什么使电荷发生定向移动的呢？”让学生在脑海中不断搜寻已学过的电学知识，盼望知道真正的原因.

观点 3：新课导入的提问是非常重要的，这个问题恰好落在学生“显示水平”与“潜在水平”之间的“最近发展区”，答案好像能够知道但又答不上来. 构建新旧知识的内在联系，环环相扣，层层设疑，巧妙地将学生引入这个“最近发展区”，激发学生主动获取知识.

3. 实例 3——“功、热和内能的改变”教学提问

1）使用教材

普通高中教科书物理必修 3 第三章第 1 节，人民教育出版社.

2）课堂教学片段实录

师：冬天手冷的时候，我们双手搓一搓就暖和了，这是什么原因？大家现在搓一搓手再次体验一下.

生：（学生开始搓手，体验手变热，并思考原因）

师：同学们知道原因吗？

生：（大部分同学）不知道.

师：同学们试一试怎样才能让桌面上的金属丝（或橡皮筋）温度升高？

生：通过弯折金属丝、拉橡皮筋、捂、接触热水等方法可使其温度升高.

师：为什么用弯折金属丝、拉橡皮筋、捂、接触热水等方法可使其温度升高呢？通过本节课的学习我们就能知道其中的物理知识.

【演示实验、定性探究】

师：（演示 1）在有机玻璃筒底放入少量易燃物，例如蓬松的硝化棉，迅速压下筒中的活塞，观察筒底物品的变化.

师：你观察到了什么？

生：硝化棉燃烧起来了

师：为什么会有这样的现象？

（停顿，让学生思考）

师：可从实验器材、我们做了什么、有何现象三方面入手思考.

（教师在黑板上画出研究对象（气体），分析其受力，这个力的做功过程，以及这个过程中的能量转化情况）

学生讨论总结出：外界对空气做功，密闭气体内能升高.

师：生活中还有哪些与此类似？

生：急刹车轮胎冒烟、给自行车打气时打气筒变热、钻木取火、流星（返回舱）进入大气层、擦燃火柴、滑滑梯、反复弯折金属丝、哒哒炮等！

师：（演示 2）在透明锥形双口玻璃瓶内滴一些酒精，用羽毛球把大瓶口塞住，通过小瓶口向瓶内打气，观察瓶内的变化.

师：你观察到了什么？

生：瓶内出现了雾.

师：为什么会有这样的现象？可从实验器材、做了什么、有何现象入手思考.

生：（思考中……）

师：以瓶内的气体为研究对象，分析两个过程：①打气过程；②羽毛球跳出过程.

生：①打气过程中，瓶内气体质量增加，压强增加，打气筒活塞对桶内气体做功，气体内能增加，气体温度升高；②羽毛球跳出过程中，羽毛球所受瓶内气体给它的力大于羽毛球重力和羽毛球受到的摩擦力之和，向上跳出. 此时我们看到瓶内出现了雾. 雾的形成原因是酒精蒸汽遇冷液化. 说明瓶内蒸汽温度降低了. 此时瓶内气体处于膨胀过程，把羽毛球推出去了，是瓶内气体对羽毛球做功，导致瓶内气体内能减少，温度降低.

整个过程的能量转化关系：气体内能减少，一部分送给了羽毛球，一部分转化为由于羽毛球与瓶口的摩擦而产生的内能. 所以可得出结论：气体对外界做功，气体内能减少.

师：生活中还有哪些与此类似使物体内能增加的现象？

生：挤压的矿泉水瓶，瓶盖被压出的时候可在瓶口看到雾；手握住喷雾器喷雾时，手感觉有点凉等.

……

师：从 19 世纪以来，人们就逐渐认识到通过做功可以使热学状态发生改变.

刚才我们是定性地分析做功和能量的关系，那研究它们更精确的定量关系是什么呢？

下面我们就从焦耳的两个代表性实验来看热学状态的改变.

师：阅读教材第 50～51 页焦耳的实验，回答问题：

（1）什么是绝热过程？

（2）焦耳的实验得到了什么结论？

生 1：在这个过程中，系统只由于外界对它做功而与外界交换能量，它不从外界吸热，也不向外界放热，这样的过程叫做绝热过程.

生 2：焦耳的这些实验表明，在各种不同的绝热过程中，如果使系统从状态 1 变为状态 2，所需外界做功的数量是相同的. 也就是说，要使系统状态通过绝热过程发生变化，做功的数量只由过程初末两个状态 1、2 决定，而与做功的方式无关.

师：类比思考，哪些力做功仅由物体的初末状态决定？

生：重力做功，重力势能的变化；电场力做功，电势能的变化.

3）评价

观点 1：老师在提问学生“冬天手冷的时候，我们双手搓一搓就暖和了，这是什么原因？”时，多数学生回答“不知道”，说明这个导入问题让学生产生了疑惑，该提问属于悬念设疑提问. 老师让同学们现在搓一搓手再次体验一下，同学们带着问题体验时，产生寻求原理的欲望，这样就牢牢抓住了学生的思维，让学生产生强烈的求知欲，达到了好的教学效果.

观点 2：让学生动手做、观察、体验，通过动手触觉感知、动脑思考为什么弯折金属丝发热形成疑问，但说不清楚为什么手变热，金属丝和橡皮筋温度升高，从而产生困惑，通过这三个体验形成疑问，该提问也属于悬念设疑提问.

观点 3：你观察到了什么？为什么会有这样的现象？提示学生可从实验器材、我们做了什么、有何现象三方面入手思考. 该提问属于分段提问. 通过问题的设计，培养学生观察现象，并从产生现象的器材（环境）入手，分析一步步的操作过程，最终导致某个现象的产生. 培养学生把大问题化整为零，各个击破，对学生形成良好的科学思维有一定帮助.

点评 4：问“生活中还有哪些与此类似使物体内能增加的现象？”该问题属于发散性提问. 答案是开放的，要求学生回忆生活经验和整理大量已学知识，可培养学生举一反三的能力和让学生知道生活处处皆物理.

点评 5：具体问题“（1）什么是绝热过程？（2）焦耳的实验得到了什么结论？”该提问属于提问功能分类中的针对重点. 让学生带着问题去阅读，有目的地阅读，有助于学生对所学重点内容的理解.

点评 6：哪些力做功仅由物体的初末状态决定？该提问属于提问功能分类中的类比联系. 通过类比提问，可以使学生对物理学中一些既有联系又有区别的知识加深记忆和理解，开启对新物理量的学习，得出内能定义.

4. 实例 4——“速度变化快慢的描述——加速度”教学提问

1）使用教材

普通高中教科书物理必修 1 第一章第 4 节，人民教育出版社.

2）课堂教学片段实录

问题 1：加速度是不是速度？是不是加出来的速度？

结论：回顾探究过程，加速度是用来描述速度变化的快慢，其大小是增加或减少的速度与所用时间之比.

问题 2：加速度是不是与速度变化成正比，与时间成反比？

结论：回顾探究过程，物体做匀加速运动时速度变化与时间的比值是一定的，速度变化大所用的时间也大，速度变化小所用的时间也小.

问题 3：速度为零，加速度是否一定为零？加速度为零，速度是否一定为零？

结论：速度有变化就有加速度，速度可以从零开始变化，即速度为零可以有加速度. 加速度为零，只说明速度不变，不一定速度是零.

问题 4：加速度逐渐变小，物体的速度是否一定减小？加速度逐渐变大，物体的速度是否一定变大？

结论：当加速度方向与速度方向相同时，尽管加速度在减小，速度大小还是在增加. 也可以打这样一个比方：一个人站在磅秤上称体重，同时他在吃巧克力，第 1 分钟吃 5 块，第 2 分钟吃 4 块，第 3 分钟吃 3 块，第 4 分钟吃 2 块，磅秤的示数是增加的. 当加速度的方向与初速度方向相反时，物体做减速运动，加速度变大，但物体的速度在减小.

问题 5：有没有速度很大，而加速度很小的情况？

展示课件：飞机水平匀速飞行.

问题 6：有没有速度很小，而加速度很大的情况？

展示课件：火箭发射升空过程.

3）评价

点评 1：问题 1、2 属于理解性提问，可根据学生的回答来判断学生是否理解了速度和加速度的含义.

点评 2：问题 3、4 属于推理设疑提问，要求学生要回顾速度和加速度的定义，明确它们都是矢量，既有大小又有方向，分析出有速度和加速度同向与反向两种情况，才能回答.

点评 3：问题 5、6 属于发散性提问，答案是开放的，没有唯一正确的答案，学生可联系自己的生活经验和整合所学知识来回答，能充分调动学生的思维.

第 6 章　中学物理课堂教学导入技能

6.1　中学物理课堂教学导入技能概述

1. 概念

导入是教师在一个新的教学内容或教学活动开始时，引导学生进入学习的行为方式. 导入技能是指教师在课堂教学中处理导入这一教学环节时，选择各种教学媒体、创设学习情境、激发学习兴趣、启迪学生思维、集中学生注意力，使学生主动学习新知识的一种能力.

2. 导入环节在教学中的作用

（1）安定学习情绪. 学生从课间休息时的嬉戏打闹或从上节课的情境中出来，需要有个过渡转换阶段，这时就需要发挥课堂导入的作用，抓住学生，让学生思维尽快回归到本课堂脑力思考的起跑线上.

（2）吸引注意力. 教学过程对学生来说是一种心理认识过程，需要感觉、知觉、记忆、思维、想象等多种心理活动的参与，而注意力是否集中则是这种认识过程能否顺利进行的必要条件和重要保证. 巧妙地导入新课，可以起到先声夺人的效果，教师风趣幽默的言语、富有情感的神情、潇洒动人的风姿，或一幅美丽的画面、一首美妙的乐曲等都可以吸引学生的注意力，使学生一上课就能把兴奋点转移到课堂上来，集中在教学的内容上.

（3）激发学习兴趣. “兴趣是最好的老师”，它会引导学生步入知识的殿堂，感受丰收的喜悦. 在导入过程中，可以通过生活中的情境、科学技术中的应用实例、引起认知冲突等来激发学生学习新课的兴趣.

（4）沟通师生情感. 一上课教师登台亮相后，教师的一个眼神、一个动作、一抹笑容、一句话语，如果一下子博得学生好感，那便取得了通往学生心灵的通行证，为教学之间的信息交流、情绪反馈打开了大门，铺平了道路，使教师的讲课建立在学生对教师的期待、信赖、尊重、理解的基础上. 朴实亲切的导语会在师生之间搭起一座友谊的桥梁，师生的情感会在导入过程中潜移默化地得到交流和升华.

（5）明确教学目标. 目标性是人类实践活动的根本特性之一，教学有无明确的教学目标和学生是否明确学习目标是衡量教学成功与否的重要标准. 有经验的教师总是在导入过程中让学生预先明确学习目标.

（6）启迪学生思维. 教师有重点、富有创意的导入，可以点燃学生思维的火花、开阔学生的视野、增长学生的智慧、提出思考的问题，能使学生的思维迅速定向、集中探索知识的本质，为进一步学习打好基础.

6.2　中学物理课堂教学导入的方法

物理课堂教学中教师使用的导入方法众多，如：①实验导入法；②故事导入法；③魔术导入法；④游戏导入法；⑤学生活动导入法；⑥复习导入法；⑦练习导入法；⑧类比导入法；⑨对比导入法；⑩设置矛盾导入法；⑪引起悬疑导入法；⑫音乐导入法；⑬图像导入法；⑭视频导入法；⑮诗歌诗词导入法；等等. 可以按照学生学习物理规律、物理概念的认知特征把以上导入方法归纳为四种基本类型：情境导入法（如前面方法中①～⑤）、新旧知识关联导入法（如前面方法中⑥～⑨）、产生认知冲突导入法（如前面方法中⑩和⑪）、感性材料导入法（如前面方法中⑫～⑮）.

6.3　中学物理课堂教学导入技能应用要领

中学物理课堂的教学过程由导入、新知学习、巩固练习、拓展延伸、教学总结等几个环节构成，课题导入是课堂教学的主要环节之一，新课的导入要有一定的技巧性和艺术性.

1. 精心设计导入环节

（1）导入设计的几个阶段：初步设计，即要考虑怎样设计导入；寻找依据，即为什么要这样设计；深入思考，即这样的设计是否能够引导学生进入课题；不断改进，即怎样改进才能更高效地导入新课.

（2）导入设计要符合以学生为中心，以课堂内容为中心，激发学生兴趣，选材新颖，方法、形式多样等要求.

2. 精心选择导入材料

教学材料是为有效开展教学提供的各种可被利用的素材，通常包括教材、故事、实例、音乐视频、图片、动画、实验、教具、学具等. 导入教学材料的选择不能独立考虑，要与整体教学设计中其他环节综合起来考虑，另外还要考虑导入的目标、导入的原则、导入的要求、导入的作用等. 教学材料应该选取与生活、生产、科学技术紧密联系的，学生觉得好玩的、新颖的、形象的材料或者前驱知识，比如：图片、音乐、视频、奇异的自然现象、新颖的实验等.

3. 遵循课堂导入的原则

（1）科学性原则. 导入设计应该建立在科学的教学理论系统基础之上，并且首要的是确保导入内容本身准确无误.

（2）目标性原则. 课堂教学导入设计，应依据既定教学目标来精心设计，有助于学生初步明确为什么学，学什么，怎么学.

（3）针对性原则. 针对教学内容，使设计的导入内容与教学内容构成有机的内在联系，不可游离于教学内容之外，确保导入材料与教学内容之间存在内在逻辑关系. 另外还要针对学生的年龄特点、心理状况、知识基础、能力水平、兴趣爱好等特征做到有的放矢.

（4）启发性原则. 富有启发性的导入能引导学生发现问题，激发学生解决问题的强烈愿望. 在导入新课的过程中可以通过设置疑难来启发思维、激发学习兴趣，创造愉快的学习情景，让学生自主进入探求知识的境界，以最佳的心态积极主动参与学习.

（5）简洁性原则. 导入只是一节课的“引子”，不宜占用过多时间，应力求短小精悍、直指目标. 要精心设计语言，充分准备教具，对课前活动做好预设，以最大限度地提高课堂教学效率.

（6）艺术性原则. 导入要有情趣，有新意，有一定艺术魅力，让人心生向往，产生探究的欲望和学习激情.

另外，还有“教育性原则”“情感性原则”“问题性原则”“关联性原则”等.

4. 选择合适的导入方法

心理学研究告诉我们，亲身经历并获得深刻体验的东西往往令人终生难忘. 在物理教学中，可以通过创设情境，让学生亲自参与实验及课堂教学活动，这样更有利于学生快乐地接受知识；再者，学习的内容与学生熟悉的生活背景越贴近，学生自觉接纳知识的程度就越高. 在物理教学中，可以对抽象的物理概念进行生活化诠释，利用生活经验和已有知识基础为学生学习提供元认知支持，将生活经验作为“先行组织者”，引导学生解决一些有针对性的生活问题，在物理概念、物理模型与学生已有知识、经验之间建立联系，帮助学生消除在理解上的元认知障碍，最后通过知识的横向迁移，将其中的思想方法应用到新课教学中. 所以，我们应多采用情境导入法、感性材料导入法等导入新课的方法，以激发学生学习兴趣，便于学生对知识的理解.

6.4　中学物理课堂教学导入技能应用案例与分析

1. 实例 1——“浮力”教学导入

1）使用教材

初中九年级物理第十四章第五节，人民教育出版社.

2）导入教学材料

教师课前放映玩水上步行球的小视频.

3）导入环节课堂教学实录

师：上课！
生：起立！
师：同学们好！
生：老师好！
师：先不忙坐下，上课之前，我们先做一个小的调查：玩过水上步行球的同学请举手.
生：（沉默不语）
师：（提示）水上步行球，有没有玩过？
师：额，有一个，举手的（同学）请坐下. 这么多同学站着啊，那一个举手的同学也请坐下. 大家想看老师玩水上步行球的情况吗？想不想？
生：想.
师：请坐下！
师：（课前播放老师玩水上步行球的视频 15 秒）
生：（观看，发出会心的笑声）
师：确实有些难度啊！我们坐在水上步行球里面，为什么不担心落下去呢？知道原因吗？
生：（举手）
师：那位同学.
生：球里面有气体.
师：球里面有气体，坐下！很好. 我们来分析一下球和人在水面上的受力情况. 我们把人和球作为一个整体，（边讲边在黑板上画示意图）它肯定会受到地球施加的竖直向下的什么力？
生：重力.

师：重力的作用，对了. 在重力作用下，人之所以没有落下去，肯定还有一个力，什么方向的？

生：向上的.

师：向上的，这个力叫什么力？大家知道吗？

生：浮力.

师：这就是我们生活中所说的浮力，今天就来研究浮力.

4）评价

观点 1：教学开始的小调查很好地吸引了学生的注意力，然后通过视频一方面激发了学生的兴趣，另一方面由视频提出问题：我们坐在水上步行球里面，为什么不担心落下去呢？然后通过受力分析，引出学习课题.

观点 2：浮力是初中课题，教师采用情境（视频）导入法，抓住了初中学生的年龄、心理特点. 教师课前亲自去录制视频，说明此教师十分重视教学导入环节. 视频截取的时间长短适宜，视频中内容与教学课题有紧密联系，较好地达到了导入的作用.

观点 3：教学中教师语言简洁流畅，教态自然大方，与学生交流自然、顺畅，反映出教师具有优秀的教学设计和教学实施能力.

观点 4：语言与活动设计有些问题. 学生起立后，叫学生不忙坐下进行小调查. 调查后，只让举手的两位同学坐下，这个不合情理.

观点 5：后面过渡语设计不好. 受力分析结束后，提问：这个力叫什么力？大家知道吗？学生还没有学，怎么会知道.

2. 实例 2——“实验：电池电动势和内阻的测量”教学导入

1）使用教材

普通高中教科书物理必修 3 第十二章第 3 节，人民教育出版社.

2）导入教学材料

自制导入实验装置，如图 6.1 所示.

3）导入环节课堂教学实录

师：同学们，喜欢过节吗？

生：喜欢.

师：（喜悦、兴奋）我也喜欢，每到过节的时候，大街的两旁张灯结彩，洋溢着节日的气氛. 挂满彩灯的树漂亮吗（指着 PPT）？

图 6.1　导入实验演示截图

生：漂亮.

师：今天老师带来了一个花篮（把花篮拿出放在讲台中间，打开开关点亮彩灯），花瓣在彩灯的照耀下也很漂亮吧！

师：那么，小灯要发光，需要什么呢？

生：电池！

师：没错！这里（指着花篮中的纽扣电池）有三颗纽扣电池给小灯供电.

师：如果没有电池，小灯还能亮吗？

生：不能.

师：不能亮（关闭开关，让小灯停止发光，并将花篮放在一边）！

师：今天老师还带来了一大瓶果汁（拿出果汁和三个杯子），把果汁倒在杯子里（边倒果汁边说并喝一口），好喝（可口的表情）！现在，我想用这两杯可口的果汁制成电池让小灯泡重新亮起来，你们觉得可能吗？

生：不可能.（也有答可能和疑惑不作答的）

师：有的同学说不可能，有的说可能，有的同学默不作声，那小灯泡究竟能不能亮起来呢？我们来做个实验.

师：先拿出我的秘密武器（将瓶子和喝完果汁的杯子拿下去，拿出装有器材的盒子），将它们放进果汁里（从盒子里拿出隔板、锌片和铜片，串联好两杯果汁），再从花篮里摘下一朵花，花瓣中藏有一颗小灯（取出藏有小灯的花朵，展示小灯），现在我把小灯和果汁连起来，请大家注意观察.

师：小灯又亮了！（转动方向，让所有学生看到）果汁居然也能供电（取下花放进花篮），说明这（指着杯子）也是电池！

师：我们都知道，电池的电动势和内阻是描述其性能的两个重要参数，那这个（指着杯子）“果汁电池”的电动势是多少？内阻有多大？我们该如何来测定呢？请同学们思考一下.（将两个杯子和导线放进盒子里，拿下讲桌，再把花篮拿下去）

师：大家有想法了吗？

生：（摇头）

师：同学们有些疑惑，带着这些疑惑，今天我们就一起来学习第十二章第 3 节 实验：电池的电动势和内阻的测量.（板书：12.3 实验：电池的电动势和内阻的测量）

4）评价

观点 1：选用生活中的果汁制作电池作为导入实验，比较新颖，体现了从生活走向物理的教学理念，也极大地吸引了学生注意力，激发了学生学习兴趣，课堂气氛十分活跃.

观点 2：老师在提问学生“用这两杯可口的果汁制成电池让小灯泡重新亮起来，觉得可能吗”时，多数学生回答“不可能”，少数说“可能”，有的不作答，说明这个导入问题让学生产生了悬疑，学生极想看实验结果得到答案. 后通过实验现象表明，果汁电池确实能让小灯泡亮起来，让大多数回答“不可能”的学生又产生了认知冲突，产生寻求原理的欲望，这样就牢牢抓住了学生的思维，所以后面整节课学生学习兴趣浓厚，达到了好的教学效果. 我觉得这个导入设计比较好.

观点 3：实验后，老师的过渡语“果汁居然也能供电，说明这也是电池！”设计很好，将导入实验与教学课题建立了紧密联系.

观点 4：我觉得课堂导入当中最后的问题“我们都知道，电池的电动势和内阻是描述其性能的两个重要参数，那这个‘果汁电池’的电动势是多少？内阻有多大？我们该如何来测定呢？”设置得好，既唤起了学生原有对电池的认知，又让学生明确了本节课的学习目标.

观点 5：开场第一句话：“同学们，喜欢过节吗？”语言设计好，一下子让学生兴奋起来，好像课堂就有了过节的喜气一样. 紧接着 PPT 上呈现节日张灯结彩的照片，并实物呈现灯光闪烁的花篮，让学生兴奋达到高潮，学生在这种氛围下进入学习，有好的教学效果. 这种利用生活情境来创设学习情境的做法值得我们借鉴.

观点 6：感觉有些麻烦，平时教学没那么多时间来做.

观点 7：拿出果汁倒入 3 个杯子中，老师“喝一口”这个动作好，一方面活跃了课堂气氛，主要是告知学生，这个确实是果汁，没有加入其他化学酸性物质.

观点 8：本节是实验课，没必要花几分钟时间来导入，实验室有电池，直接测电池的电动势和内阻就行了，不必这么麻烦用果汁来制作电池.

观点 9：导入的方法很多，可以不这么复杂，采用其他的导入方式，比如从电池上标的 1.5V 电压入手，这样设置导入环节：师：电池上标的这个 1.5V 是什么？生：电动势. 师：这节电池我们用过很久了，它的电动势还有 1.5V 吗？描述电池性能的物理量除了电动势以外，还有内阻，我们又如何知道它的内阻大小呢？今天我们就一起来学习“12.3 节　实验：电池的电动势和内阻的测量”.

观点 10：用生活中的电池导入简单，能建立与课题的联系，但激不起学生的学习兴趣，不能让学生产生悬疑，也不能引起学生认知冲突，不能很好地起到导入的作用.

第 7 章　中学物理课堂教学多媒体应用技能

多媒体作为教学辅助手段，其直观性、趣味性、大容量等优点是其他传统教学手段无法比拟的，是物理课堂教学的主要教育技术手段，随着人工智能的发展，它的优势将更加突出. 如何利用多媒体，实现教学过程和效果的最优化，是广大教师面临的主要问题. 作为物理教师，需要掌握多媒体教学的理论和方法，懂得结合多媒体和常规教学的优势，从而使课堂教学最优化.

7.1　中学物理课堂教学多媒体应用概述

多媒体是以计算机为中心的多种媒体的有机组合，这些媒体包括文本、图形、动画、声音和视频等，这些媒体信息具有主动性和交互性的特点. 多媒体硬件是指各种媒体教学设备，如幻灯机、投影仪、录音机、电视机、录像机、计算机等. 多媒体软件是指储存教学信息的载体，如投影片、教学音频、教学视频、计算机软件等各种媒体教材.

多媒体与物理学科整合的教学应该具有以下功能：①向学生提供生动、形象、准确、直观的观察材料；②突出教学重点，突破教学难点；③揭示事物的内在联系和规律，启发学生思维；④激发学生学习动机和学习兴趣；⑤调动学生多种感官参与教学，提高教学效率；⑥节省教学时间，增大教学容量.

7.2　中学物理课堂教学多媒体的类型

1. 根据多媒体在课堂的应用方式分类

（1）辅助讲授. 配合课堂讲授，利用多媒体提供难于看到或难于看清的一些事物的结构、形态、发展过程、现象，史料等.

辅助讲授是一种在教学中常用的、有效的方式，但在运用这种方式时，要充分利用多媒体呈现画面为讲清原理和概念服务. 教师使用教鞭在画面上指点，让学生的注意点和思路与教师同步.

（2）创设情境. 在放映幻灯投影或课件的同时，播放解说词或教师适当解说，使学生闻其声，见其人，临其境，在一种意境情深的气氛中进行学习，有助于培养对科学的情感，启迪思维，发展想象力.

（3）实物投影. 把小件实物放置在投影器工作台面上直接投影放大，从而观察实物及其结构、变化、使用等情况，也可把物理实验器材放置在投影工作台面上做实验，在银幕上可直接观察到实验的过程、现象、变化及结果.

2. 根据教学内容的呈现方式分类

（1）演示型多媒体. 这是指利用多媒体计算机所具备的文字、图像、动画、音频和视频功能，发挥计算机所特有的交互功能将教学内容呈现给学生，演示一些变化过程抽象、复杂，以至于用语言难以表达清楚的教学内容，以解决教学中用其他手段难以解决的重点和难点问题. 例如，物态变化中的汽化和液化，升华和凝华；光学中的透镜成像的虚实及其原因；分子的热运动及分子间的相互作用；电荷的移动及电流的形成；磁场及其磁感线；发电机、电动机的工作原理；等等.

（2）模拟型多媒体. 这是指用计算机模仿真实现象或者理论上的“理想模型”，供学生观察，从而帮助学生认识和发现这些现象与规律的本质. 这种类型的课件能够解决因各种条件限制而无法完成许多真实实验的困难，如原子裂变、行星运动等问题，都可以制作成模拟型课件来辅助教学.

（3）练习型多媒体. 主要是练习型课件，通过习题的形式使学生掌握所需的知识和技能，以强化学生某方面的知识或能力. 采用练习型课件既能节约教师在课堂上的大量板书时间，又能让学生根据自身的情况做容量相对大的练习.

（4）游戏型多媒体. 基于物理学科的知识内容，将游戏内容与教学目标相联系，把科学性、教学性、趣味性融为一体，从而大大地激发学生的兴趣，起到寓教于乐的作用.

7.3　中学物理课堂教学多媒体应用要领

（1）具有目的性. 目标明确的行为，其结果会大不相同. 先要根据课堂的教学目标决定是否使用多媒体. 再要根据教学目的选择最佳教学媒体，不同媒体有不同的教学特性，要充分发挥不同媒体的优势，以获得最佳教学效果.

（2）具有教学性. 应用多媒体的目的是优化课堂教学结构，提高课堂教学效率，既要有利于教师的教，又要有利于学生的学. ①选取那些常规方法无法演示或不易演示、演示观察不清的内容；②选取课堂上用常规手段不能很好解决的教学重难点问题；③通过提供与教学相关的媒体信息，能创造良好的教学情景，扩大学生的知识面.

（3）具有灵活性. 灵活性是多媒体的一大特性和优势，多媒体从本质上说，就是对信息进行数字化处理和交互式处理. 多媒体的灵活性大体表现在以下四个方面：一是检索方便. 无论你需要哪一个课件、哪一部分内答，只要一按鼠标，计算机就会把你需要的内容推送到你的面前. 二是控制速度，多媒体能够适宜于不同的教师与学生，可以放慢进度，也可以加快进度，可以分解动作，也可连续动作. 三是分步提示，计算机能分步提示学生，循序渐进，引导和指导学生学习. 四是实时反馈，对于学生的解答能立即批阅，给学生及时反馈，及时解决疑难问题.

（4）具有科学性. 多媒体中的信息不能出现科学性错误，不能把错误的概念和原理传递给学生. 多媒体资源作为固化的宜于普遍推广的科研成果，一旦出现科学性错误，造成的损害远远不是一个教师的失误所可比拟的，因此，在这一点上千万不可掉以轻心.

（5）具有简约性. 主要是指多媒体课件展示的画面应符合学生的视觉心理，把基本概念、重要原理、基本方法以及解决实际问题的思路以最简约的方式传授给学生. 画面的布局要突出重点，过多的文字阅读容易使人疲劳，应减少文字显示数量，减少引起学生注意的无益信息干扰，注意动态与静态的色彩对比，前景与背景的色彩对比以及线条的粗细和字体的大小，以保证学生都能充分感知对象.

（6）具有艺术性. 精美的多媒体素材应该是内容与形式的统一，思想性和艺术性的统一，对象结构对称，色彩柔和，搭配合理能够让教学效果得到提升.

（7）适度运用. 多媒体能否为教学助力关键在于使用，适度运用就是以优化教学过程为目的，使学生通过多种感官来获取相关信息，提高教学信息的传播效率，但同时能够把一定的时间和空间留给学生，让他们思考、理解、质疑、合作交流并激发创新.

（8）适度信息量. 多媒体能够承载非常大的信息，那么教学中的多媒体材料信息是越多越好吗？信息量太大会使学生囫囵吞枣，这就是“电灌效应”，要避免教师、学生被多媒体牵着鼻子走. 在学科教学过程中有效组织信息资源，提供适度的信息量，在解决教学难点、重点，扩大视野的同时，能让教师自主地教学、让学生在教师的指导下自主地对信息进行加工.

（9）有机结合. 有机结合就是要多种教学媒体综合运用，教师讲授和媒体播放协调运用. 这样可以扬长避短，互相补充，可以使课堂教学形式多样化，使学生在一堂课上总保持积极的情绪状态，并且可以调动学生的多种感官参与学习活动. 多媒体的运用与讲授统一起来，通过讲授把直观与抽象相结合，引导学生在充分感知的基础上对直观材料进行思维加工，形成概念，把握事物的本质和规律，实现由感性认识上升为理性认识的飞跃.

另外，物理教师在课堂中使用多媒体还需要掌握媒体特性，准确选择所需媒体，实施多媒体教学过程中要给大多数的学生留下充足的思考时间和记笔记的时间，有利于提高教学效果.

特别是在多媒体播放视频、动画前，教师对要观看的内容作简要说明，告诉学生观看的重点，提出观看的要求，布置思考的问题. 播放过程中，对重要的内容，教师可以用语言、手势、教鞭指示等多种方式加以强调，以引起学生的注意. 播放后，对于演播内容未能充分呈现的教学内容及与教材有差异的地方，教师应该用语言给予补充、解释，使学生获得完整准确的认识.

7.4　中学物理课堂教学多媒体应用案例与分析

1. 实例 1——“平面镜成像”教学多媒体运用

1）使用教材

初中八年级上册物理第四章第 3 节，人民教育出版社.

2）课堂教学片段实录

师：课前老师学了一个神奇的魔术，想和同学们一起分享，想看吗？

（学生全神贯注，期待精彩的魔术实验. ）

师：烧杯里有一支燃烧的蜡烛，现在往里面倒水，火焰能否在水中继续燃烧呢？

（屏幕开始播放课前录制的视频——“浇不灭的烛焰”，如图 7.1 所示，随着水面没过烛焰，学生惊叹，议论纷纷. 教师暂停视频. ）

图 7.1　浇不灭的烛焰

师：这个魔术精彩吧？你觉得这样的火焰存在吗？

（学生慢慢静下来，开始理性思考，一起说出“不大可能”，肯定另有乾坤. ）

（教师继续播放视频，显露出来玻璃板前面的玻璃板和点燃的蜡烛，发现原来玻璃杯中的蜡烛是没有点燃的. ）

（部分学生似乎恍然大悟. ）

师：大家大致知道是怎么回事了吗？

生：那里面的火焰是前面蜡烛的火焰成的像.

师：很好，神奇的魔术其实包含物理的原理，今天我们就一起揭开这个神奇的“像”，来探究平面镜成像的特点.

3）评价分析

观点 1：运用多媒体视频而不现场进行实验，这是由这个魔术本身需要保有神秘感决定的，视频的可视效果更好，更能引起学生的注意力.

观点 2：魔术视频的引入创设情景，烛焰用水浇不灭引起学生的认知冲突，激发学生的探究欲望.

观点 3：出乎意料的情景出现后，暂停视频，留给学生思考议论空间，把情绪高涨的氛围引导至理性思考. 然后继续播放视频展示真相，这样利用局部拍摄，授课时播放结合暂停，达到“魔术”的视频效果，这就是现代多媒体辅助教学的体现.

2. 实例 2——“密度”教学多媒体运用

1）使用教材

初中八年级上册物理第六章第 2 节，人民教育出版社.

2）课堂教学片段实录

师：物体质量与体积之间是有一些关系的，下面我们就用天平测量铁块与铝块的质量，用量筒测量体积，对得到的实验数据进行处理.

用 PPT 展示实验数据：

探究：物体质量与体积之间的关系

研究对象		体积 V/cm^3	质量 m/g	
铁	1	10	79	
	2	20	158	
	3	30	237	
铝	4	10	27	
	5	20	54	
	6	30	81	

师：质量和体积之间有什么关联呢？只是从数据表面无法观察出来，我们借用 Excel 软件进行数据处理.

（教师直接在计算机上操作，打开 Excel 表格，学生通过屏幕观看教师操作.）

第一步：将实验数据输入 Excel.

第二步：选中实验数据，插入散点图（相当于描点法，横坐标为体积 V，纵坐标为质量 m）.

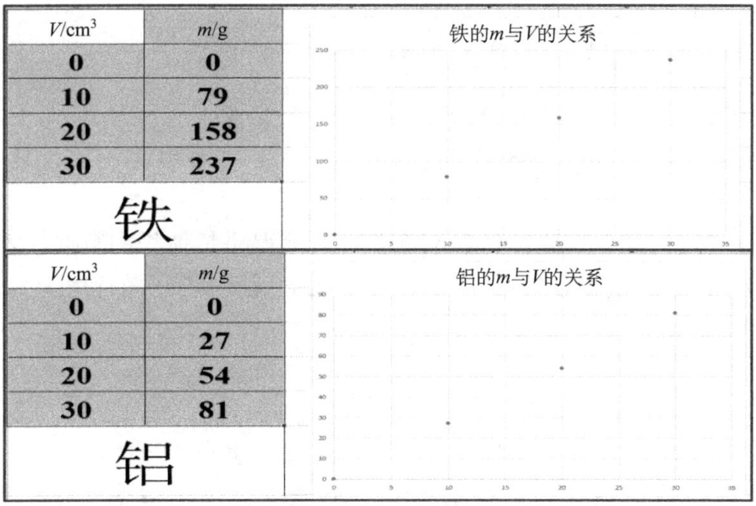

第三步：选中图中数据，添加趋势线，显示公式（相当于拟合了处理后的数据关系）.

V/cm³	m/g
0	0
10	79
20	158
30	237
铁	

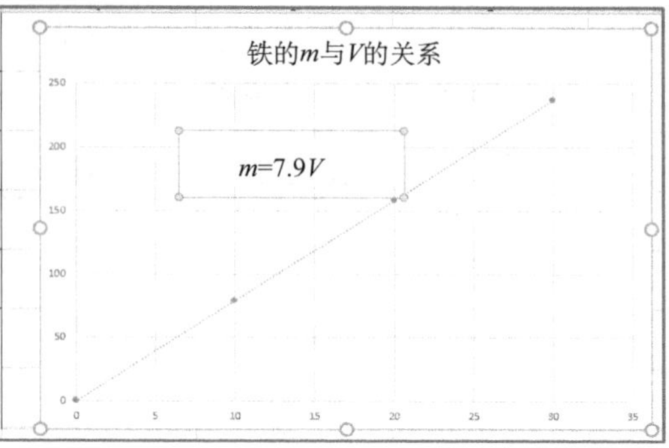

【从图中可以得知：对于铁而言，它的质量与体积成正比，比例系数为 7.9g・cm^{-3}】

V/cm³	m/g
0	0
10	27
20	54
30	81
铝	

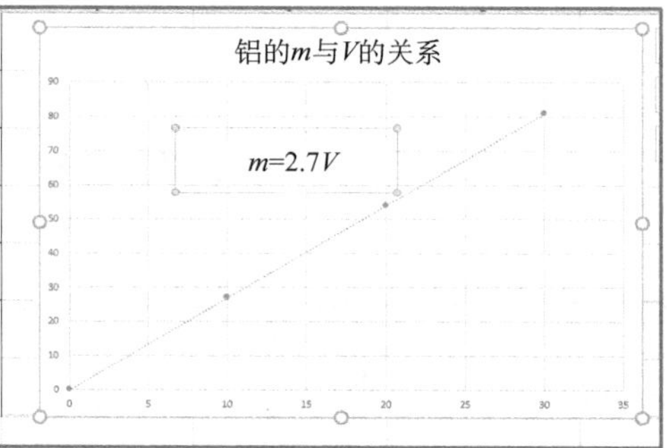

【从图中可以得知：对于铝而言，它的质量与体积成正比，比例系数为 2.7g・cm^{-3}】

师：这只是一部分实验，科学家需要大量测得质量体积的数据，才可以得到同一物体的质量与体积的比值是定值，这个比值反映了物质的特性，我们物理学中用密度来表示.

3）评价

观点 1：物理探究有 7 个环节，每一个实验的重点不一样，需要带给学生不同的体验，本节课的实验重点就借用了 Excel 来处理实验数据，可视化高，非常真实.

观点 2：从大量数据中找规律，用眼睛或者用笔纸计算可能非常困难，特别是刚刚接触物理不久的初二学生，计算机软件的辅助作用在这节课体现得淋漓尽致.

观点 3：学生可能对于计算机 Excel 的使用和背后的原理不懂，这会凸显两个结果：一部分学生可能就懵了，根本不知道老师进行的操作目的；另一部分学生可能会对物理实验的数据处理有更加深刻的认识，激发学习计算机软件辅助物理学习的兴趣.

3. 实例 3——“原子的核式结构模型”教学多媒体运用

1）使用教材

普通高中教科书物理必修 3 第四章第 3 节，人民教育出版社.

2）课堂教学片段实录

师：汤姆孙提出的葡萄干布丁原子模型是否对呢？

用一般的方法无法探测原子的内部结构，要认识原子的结构，需要用高速粒子对它进行轰击. α 粒子具有足够的能量，可以接近原子中心，它还可以使荧光屏物质发光. 如果 α 粒子与其他粒子发生相互作用，改变了运动方向，荧光屏就能够显示出它的方向变化. 研究高速的 α 粒子穿过原子的散射情况，是研究原子结构的有效手段. α 粒子散射实验在课堂上无法直接演示，所以我借助电脑，利用动画向你们展示模拟实验的装置、过程和现象.

第一步，双击软件图标“NB 物理实验”，如图 7.2 所示.

第二步，在搜索框中输入“α 粒子散射”或“粒子散射”，如图 7.3 所示.

第三步，点击该实验模块，进入实验画面，首先展示的是 α 粒子散射器的内部结构，如图 7.4 所示. 当偏转角度为 9° 时（偏转角度可调节），显示器上显示的粒子数为 513（粒子数呈动态变化）；用鼠标单击右上角的“原理一”时，在 α 粒子散射器上方显示出来的是 α 粒子经过金原子周围的动画（原子标度），如图 7.5 所示；用鼠标单击右上角的“原理二”时，在 α 粒子散射器上方显示出来的是 α 粒子经过金原子核周围的动画（核标度），如图 7.6 所示.

图 7.2　软件界面

图 7.3　搜索界面

图 7.4　α 粒子散射器的内部结构图

图 7.5　原子标度图

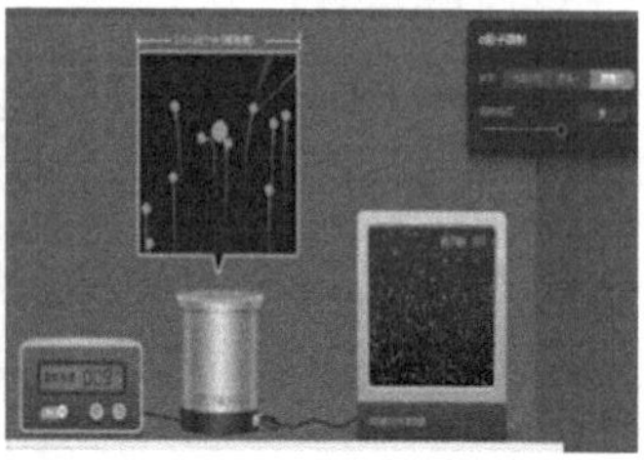

图 7.6　核标度图

3）评价

观点 1：该多媒体教学属于根据教学内容的呈现方式分类下的模拟型多媒体. 通过动画模拟过程，将微观世界加以放大，使这些复杂现象生动地展现出来，激发学生兴趣. 如果在讲 α 粒子散射实验时，教师根据图片进行分析、讲解，最后得出结论，无法激发学生的学习兴趣，也不能很好地阐述本节的内容. 但是，通过 Flash 制作的模拟实验，能非常清楚地显示 α 粒子轰击金箔的过程及现象. 通过多媒体很好地演示了原子中心有一个原子核，它占据很小的空间，却集中了原子的全部正电荷和几乎全部的质量，α 粒子越接近原子核，受到的库仑力越大，越容易发生偏转.

观点 2：多媒体模拟的实验过程不仅清晰地演示了 α 粒子的运动过程，说明了原子核的结构属性，解决了因条件限制而无法完成该实验的困难，也增加了学生学习物理的兴趣. 学生在物理学习中，对抽象思维要求较高的知识点不能很好地理解和把握. 为此，教师可以在平时的教学中加入多媒体手段，把知识点形象化、视觉化.

观点 3：在涉及“原子、分子的运动”“原子聚变、裂变”和“天体的运动”的教学中，运用多媒体将微观世界加以放大，把宏观世界加以缩小，使这些复杂现象生动地展现出来，能很好地辅助教学.

4. 实例 4——“抛体运动的规律”教学多媒体运用

1）使用教材

普通高中教科书物理必修 2 第五章第 4 节，人民教育出版社.

2）课堂教学片段实录

师：平抛运动可看作水平方向的匀速直线运动和竖直方向的自由落体运动的

合运动.

师：一个物体做平抛运动，初速度 v_0，请问，在 t 时间内物体的位移大小和方向怎样？

（展示 PPT）

平抛动物的规律

一个物体做平抛运动，初速度v_0，请问，在t时间内物体的位移大小和方向怎样？

$$x = v_0 t \qquad y = \frac{1}{2}gt^2$$

大小

$$S = \sqrt{x^2 + y^2} = \sqrt{(v_0 t)^2 + \left(\frac{1}{2}gt^2\right)^2}$$

方向

$$\tan\alpha = \frac{y}{x} = \frac{\frac{1}{2}gt^2}{v_0 t} = \frac{gt}{2v_0}$$

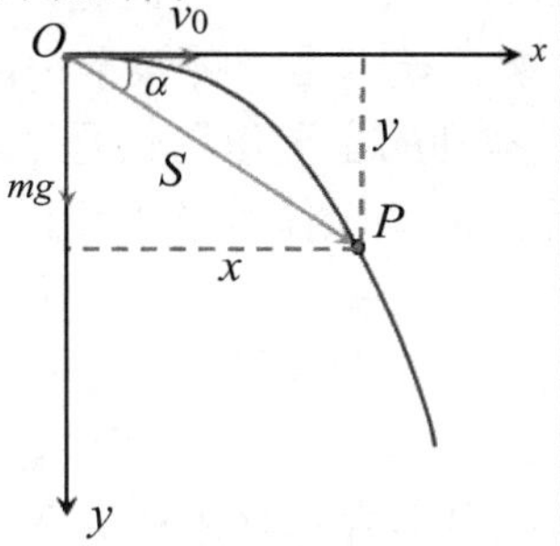

师：一个物体做平抛运动，初速度 v_0，请问，在 t 时间末物体的速度大小和方向怎样？

（展示 PPT）

平抛动物的规律

一个物体做平抛运动，初速度v_0，请问，在t时间末物体的速度大小和方向怎样？

$$v_x = v_0 \qquad v_y = gt$$

大小　$v = \sqrt{v_x{}^2 + v_y{}^2} = \sqrt{v_0{}^2 + (gt)^2}$

方向　$\tan\beta = \dfrac{v_y}{v_x} = \dfrac{gt}{v_0}$

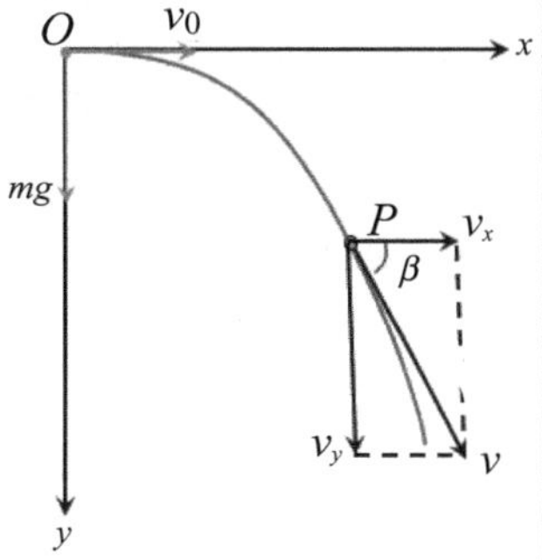

（一张 PPT 同时把这些内容展示出来，然后教师按顺序念一遍，或者设置动画，让这些公式按顺序逐一呈现在 PPT 上.）

3）评价

观点 1：多媒体具有传播信息量大、播放速度快等特点，如果课上教师将平抛运动的位移和速度公式推导通过 PPT 按顺序逐一呈现在屏幕上，很有可能出现学生课上听懂了，课后自己不会推导，做不来练习题的现象.

观点 2：物理的规律推理过程、解题过程等整页播放有很大弊端，至少需逐行逐句慢速显示，最好是用粉笔在黑板上一步一步地推演，推演前要留时间给学生自己动手演算和思考，不能因追求课时速度而将知识点一闪而过.

总之，多媒体技术是一种教学手段，使用要恰如其分，遵循适度运用原则. 在教学过程中，教师的主导作用仍是不可取代的，教师只有恰当地选择和运用教学方法及不同形式的多媒体教学手段，同时能够把一定的时间和空间留给学生，让他们思考、理解、动手，才能真正达到运用多媒体手段提高教学效果的最终目的.

多媒体再好，也只是课堂教学的一种辅助手段，它不能解决一切，更不可能越俎代庖. 引起教学质量变化的不是多媒体本身，而是如何科学、合理、巧妙地使用多媒体. 通过多媒体技术的介入，达到物理教学过程各要素的丰富和谐，使多媒体技术融入教学过程之中，通过改变教与学的方式实现物理教学的突破与发展.

第 8 章　中学物理课堂教学板书技能

教学板书作为传统的教学手段，在现代教学中仍起着不可替代的作用. 优秀的教师都会设计富有科学性、教育性、实用性和艺术性的板书，这是因为教学板书是反映教材内容的镜子，是展示教学场面的屏幕，是开启学生思路的钥匙，是每堂课的眼睛，是读写结合的桥梁.

8.1　中学物理课堂教学板书概述

板书是指教师在课堂教学中，以精炼的文字、图表和符号等形式，利用黑板粉笔（或白板水笔）传递教学信息的教学行为方式，是课堂教学的重要组成部分，是教师完成授课的得力助手，是教师向学生传递信息的一种重要手段，是教师教学的基本功之一.

教学板书一般表现为板书、板演、板画三种形式，这三种形式在本质上是相同的，都是视觉的书面语言或符号信息.

板书是指教师写在黑板上的文字，这是各学科教学中普遍采用的一种信息交流方式.

板演是指教师在黑板上推导公式、演算例题或书写方程式等，是物理教学中常用的一种信息交流方式.

板画是指教师在黑板上画的各种图形、符号和表格等，也是物理教学中常用的一种信息交流方式.

教学板书向学生呈现的教学内容使知识系统化，帮助学生理解记忆，提高教学效率，可以这样来说，课堂上其他手段所传递的信息多是一次性的而且是短暂的，板书却能长时间地向学生传递信息. 一节物理课之后，教学的主要内容保留在黑板上，会使学生产生一种完整的感觉，得到一种精神上的满足. 物理知识中的公式、物理符号、物理公式的变形等都很难用其他形式传输，而进行教学板书就能简单方便地完成这一任务.

1. 教学板书的构成要素

教学板书既要讲究科学，体现教学内容的严密性和确定性，又要讲究艺术，体现教学形式的形象性. 板书设计既是科学，又是艺术，它是两者的结合. 在教学过程中，教师既是板书的设计者，又是板书的实施者，所以，教师要会设计板书，也要会运用板书. 板书的设计和运用主要由以下五个要素构成.

1）教学板书的内容

教学板书内容要结合课堂讲授的内容，详略得当、主次分明、突出重点和关键点、分散难点. 板书不宜过繁或过简，过于详细，则重点不突出，不利于学生集中注意力，同时也会因书写板书而影响主要内容的讲授和其他教学手段、技能的运用；过于简略，则不能系统概括教学内容，不利于学生理解记忆新知识. 以尽可能简约的文字、符号、线条和图表反映尽可能丰富的教学内容，从而提高教学效率.

2）教学板书的结构布局

结构是指教学板书的内容安排，包括标题的设计，板书类型的选择，板书内容出现的先后次序，以及各部分之间的呼应和联系，文字的多少和字体的大小，符号的运用等. 布局是指各部分板书在黑板上的空间排列.

教师在设计和运用板书时，不但要考虑板书的内容，而且要注意板书的结构与布局. 板书的布局总体而言有以下几点基本应用原则：①自上而下，从左到右的布局顺序；②主体板书安排在黑板的左边或者正中，保留到下课；③辅助性的板书安排在黑板的右侧，可以随时擦去.

3）教学板书的美观艺术

一幅富有美感的板书就是一件艺术品，往往可以给学生留下深刻的印象. 教师在设计板书的过程中，不但要考虑借助板书使学生理解掌握教学内容，而且要考虑板书的观赏性和艺术性. 教师的板书应根据学生对新异事物好奇的心理特征，做到形式多样化、内容系列化、结构整体化.

（1）图示的美. 图示的功能在于它能将教材中抽象的文字变为形象的直观物，能给人以恍然大悟的美感，特别是学生难以理解的物理内容，用图示把它们标示、对比、陈列出来，能收到很好的效果.

（2）色彩的美. 在板书的某些关键之处，点缀鲜明的色彩，能引起学生的注意，诱发其探求的好奇心. 鲜明的色彩在板书中鹤立鸡群，让学生一目了然.

（3）线条的美. 线条有实线、虚线、曲线等，合理使用就能收到指示明确、条理清楚的效果，而且还能让学生体验到虚实相应，变化多端的美感.

4）教学板书的书写画图

（1）文字、符号的书写. 板书主要是由文字、符号和图形组成，文字的书写要规范，具体要求是：笔画清楚，笔顺正确，字体工整，无错别字，正确使用标点符号，行款格式符合要求，条目安排得当，注意整体效果. 物理符号的书写更要规范，既要格式正确，又要章法匀整.

（2）黑板图的基本画法. 物理图形是物理板书的组成部分，一类图形本身就是物理知识的组成部分，如装置图、光路图、电路图、矢量图，另一类是物理教学中的示意图、草图. 要使学生看清楚教师的作图过程，要正确使用作图工具，图形大小要适中.

5）教学板书的时机

教学板书作为书面语言，是对教学口头语言的补充，因此，它必须与讲授统一，使有声语言与无声的“板书”配合，充分调动学生的视觉、听觉感官，这等于利用信息传输的叠加原理，加深学生对知识的感知印象.

2. 教学板书的功能

1）教学板书是对教学内容的加工和提炼

教学板书是课堂教学内容的逻辑主线，是学生记学习笔记的主要依据，需要教师理清教学内容的主要思路. 有时教学内容所反映的事理存在着复杂的关系、不同的层次、多样的形式等，不利于学生认识和把握，可以利用教学板书使其内部结构简明直观地揭示出来. 好的板书要突出教学内容的重点和难点，具有层次清楚、主次分明、逻辑性强、各种关系表示准确等特点，可以启发学生进行科学的思维活动，帮助学生记忆、分析、消化、巩固所学知识，引导学生掌握学习重点，顺利解决难点等.

2）教学板书是教师教学能力的综合体现

精湛的板书是教师创造性劳动的结晶，反映着教师的综合教学能力，教师在教学中借助教学板书可以弥补教学语言表达的不足，多角度塑造教师讲台形象，有效地引导和吸引学生.

3）教学板书是学生有效学习的必要途径

教学板书对学生学习效率和质量的影响是直接的. ①它会影响到学生的“学会”. 研究表明，在人所获得的全部信息中，听觉占 11%，而视觉占 83%，其他（触觉、嗅觉等）只占 6%，因此教学过程中，虽然是学生“听课”，但不能单纯让学生听，更重要的是利用视觉去感知新信息、新材料. ②影响到学生的“会学”. 学生通过板书，不仅学到了知识，也学会如何抓要点、重点、难点，如何进行归纳、总结、论证、说明等学习方式方法. ③影响到学生智力因素和非智力因素的发展. 精心设计的教学板书既可以提高教学效果，又可使学生得到精神的陶冶和美学的享受，还能培养学生认真、求实的科学态度.

8.2 中学物理课堂教学板书的类型

1. 根据教学板书的地位和性质分类

（1）基本板书. 基本板书也叫中心板书、正板书或“主板书”，基本板书是体现教学目标与教学内容内在联系的重点、难点、中心和关键的板书，是能够反映教学内容的结构及其表现形式的板书. 基本板书是整个课堂板书的骨架，是课堂教学的逻辑关系网，一般保留于课堂教学的全过程.

（2）辅助板书. 辅助板书也叫附属板书、注释板书或“副板书”，是一种在教学过程中，为帮助教师讲授和让学生听得更明白、理解得更透彻，随时写在黑板两侧的公式推导、补充或注解，可以在黑板上随写随擦的板书. 它是一种辅助手段.

2. 根据板书的主体分类

（1）主导型板书. 主导型板书是贯彻主导意图，由教师亲自完成的板书. 主导型板书是板书的常见类型，它能充分贯彻主导意图，所以可以事先根据教学内容和课时的教学要求，通盘考虑、周密计划，进行精心设计.

（2）主体型板书. 主体型板书是为体现学生的主体地位，培养学生的学习能力，而由学生在教师指导下独立完成的板书.

（3）合作型板书. 合作型板书是根据课堂教学的需要，由师生讨论或由师生合作书写而成的板书. 合作型板书是建立在充分调动师生两方积极性的基础之上的，它有益于师生活动的默契及其合作精神的培养.

3. 根据板书的时间和作用分类

（1）课前板书. 教师在课前将教学意图或问题要求写在黑板上作为指导学生预习教学内容的板书.

（2）课中板书. 教师在课中根据教学活动需要就某个问题与学生边讨论边形成的板书.

（3）课后板书. 教师在课后引导学生重温教学内容，并概括总结其线索要点的板书.

4. 根据板书的形成和呈现方式分类

（1）静态板书. 静态板书是教师为了节省课堂教学时间而事先设计并书写在

备用黑板上，在课堂教学中配合讲授、适时呈现的板书. 此类板书可节省时间、减少失误，但往往缺乏灵活性. 静态呈现板书可留在教室里较长时间，供学生课外学习之用.

（2）动态板书. 动态板书是教师在教学中配合讲解和总结、学生的答问和讨论，边教学边形成的板书. 此类板书灵活性强，要求教师必须具备扎实的教学基本功，使用此类板书，教师要在板书程序上做多层次的设计.

5. 教学板书的呈现形式

无论什么类型的教学板书都需要一定的形式来呈现，在实际教学过程中，教师常使用以下六种形式呈现板书.

1）知识纲要式板书

这种形式是教学板书中最常见的一种，适用范围最广，几乎所有的学科都可以使用. 知识纲要式板书以讲授内容的内在逻辑关系为线索，用文字将重点知识提要按讲授顺序书写. 它的特点就是层次分明、内容系统，便于学生简明扼要地掌握教材的重点、结构和脉络层次.

样例一：教学板书的内容用完整的句子写出（图 8.1）.

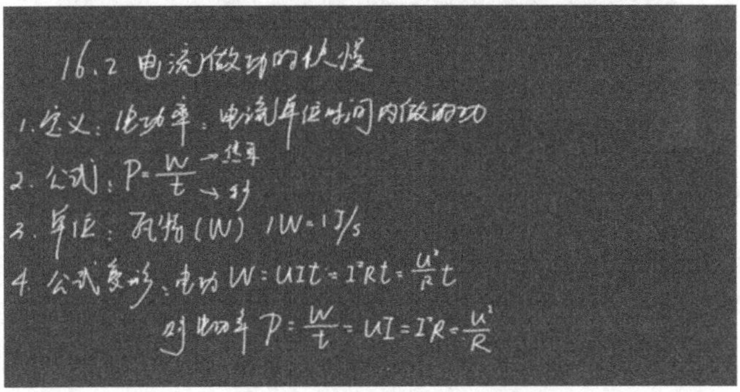

图 8.1　用完整的句子写出教学板书

知识纲要式板书的设计思路如下. 首先，教师要分析教材的内容层次，从自然段段意到逻辑段段意，最后用短语或词组来拟定一个小标题，这个步骤依赖于教师自身的教学水平，即对知识的理解程度. 其次，设计讲授的内容层次之间的排列形式主要有：①递进式，即由浅入深，由现象到本质，由简单到复杂，由近及远；②分列式，即按主题内容的各个侧面排列；③比较式、推理与证明式.

最后要拟定知识标题，在知识标题下设内容要点，用序号、空格、符号表示各知识的顺序及其从属关系，即逻辑关系. 其序号统一格式为：

一、

（一）

1.

（1）

（2）

2.

（1）

（2）

需要注意的是，同类序号下的标题具有关联或者表示同等重要，同一标题下的各知识要点与该标题有从属关系.

样例二：教学板书的内容用语法上不完整的句子表达内容的本质含义，把有意义的短语、词汇、关键词以框架形式写出（图 8.2）.

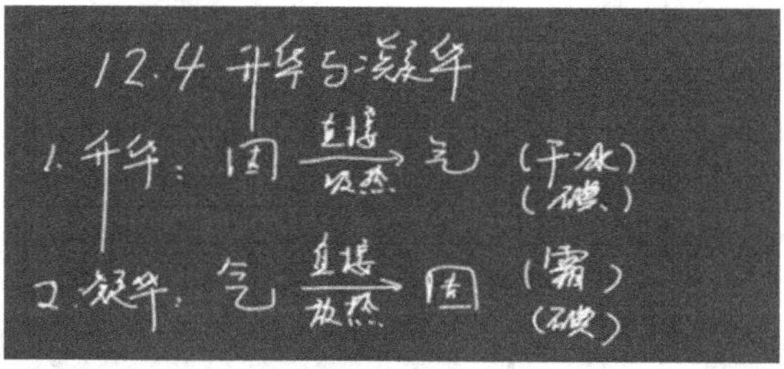

图 8.2　用关键词写出教学板书

2）概括式板书

概括法是一种思维过程，指把若干事物的共同属性联合起来并推广到同类事物中去. 它有两种形式：一是感性概括，把对直接观察或感知的共性结果做出联系并推广；二是高级概括，对抽象出来的事物的共同特征做出联结并推广. 概括式板书如图 8.3 所示.

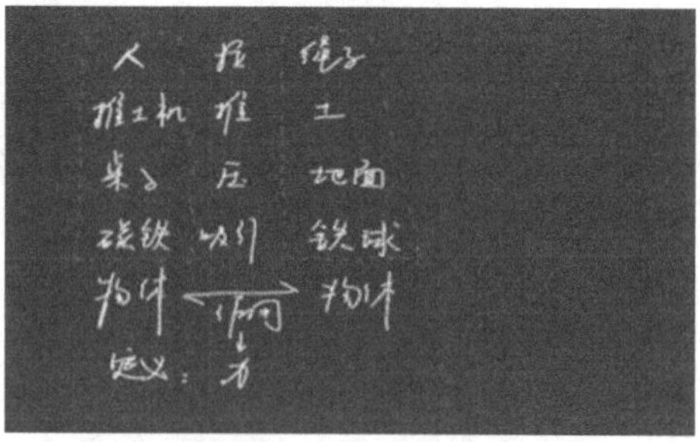

图 8.3　概括式板书

它一般在抽象的基础上进行，包括了联合与外推的过程，概括的结果常表现为结论、概念、法则、规律或理论等.

3）知识结构式板书

这种教学板书将零散、孤立的知识点用带箭头的线条“串联”或“并联”起来，形成系统化、简约化的知识网络. 这种形式的板书适用于内容比较完整、系统的知识单元、节、章. 这种板书把片断知识组成整体，方便学生记忆、回顾，学生回忆知识结构就能轻易把握全章的内容. 初中光学复习知识结构式板书如图 8.4 所示.

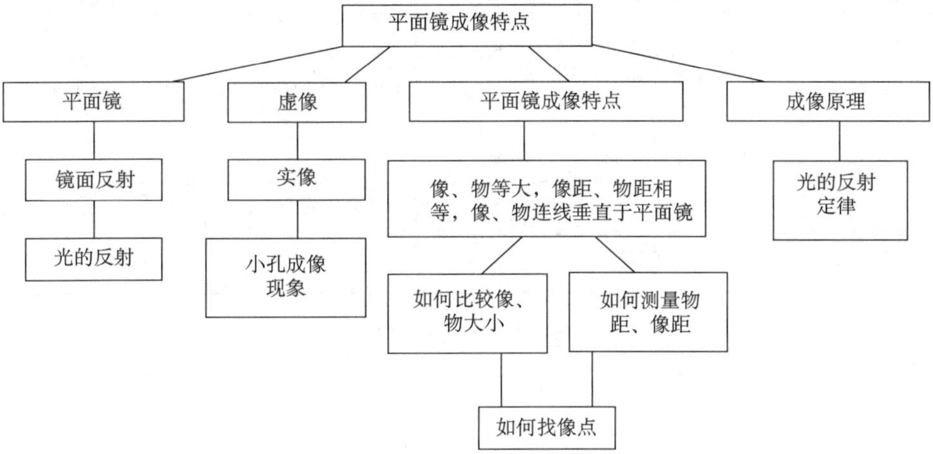

图 8.4　初中光学复习知识结构式板书

4）逻辑递推式板书

这是一种根据一系列物理量之间的逻辑联系，用文字、符号等逐步进行逻辑推理的板书形式，多用于分析问题、解答习题，可培养学生的思维逻辑性和严密性，如图 8.5 所示.

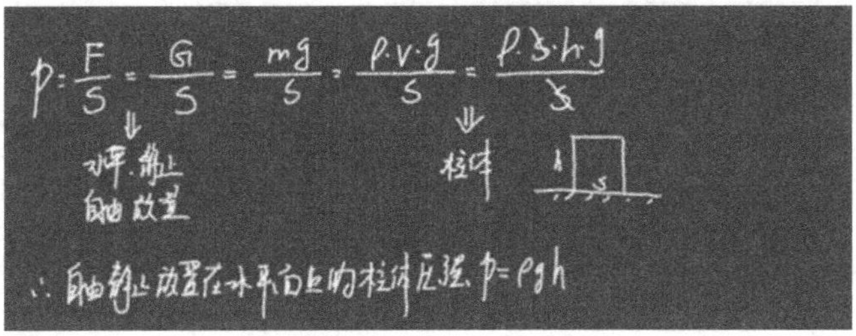

图 8.5　逻辑递推式板书

5）表格式板书

如图 8.6 所示，把讲授内容的要点进行分类，列成表格进行各种比较，主要是对有关概念、物质的性质、实验、事件等有关联又有区别的内容进行归纳、对比，其特点是把有关知识集中在一起，对比清晰，井然有序，便于学生把握事物的本质，深刻领会教学内容.

	凸透镜	凹透镜
外形	中间厚、边缘薄	中间薄、边缘厚
对光线的作用	对光线有会聚作用	对光线有发散作用
成像	能成正立放大的虚像	只能成正立缩小的虚像
焦点	平衡于主光轴的光经透镜折射后实际光线会聚的点(实焦点) 光源位于凸透镜的焦点上时，从光源上发出的光经凸透镜后，将平行射出	平衡于主光轴的光线经透镜折射，折射光线的反向延长线会聚的点(虚焦点)
光路图	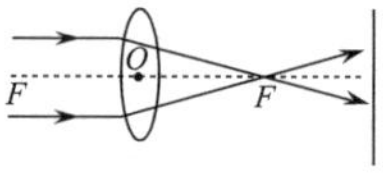	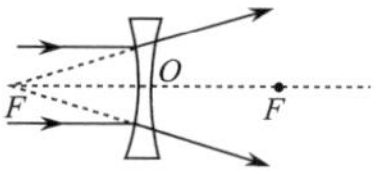

图 8.6　表格式板书

6）简笔画板书

简笔画板书是在教学板书的过程中，特别是中学物理课堂上，需要以简练的线条，在较短的时间内高度概括出各种景物、事物、人物等形象的一种绘画，可用于一些物理装置、仪器的构造图、剖面图的展示，或把抽象的物理原理用“画”的方式形象地加以说明. 教学板书中讲授仪器设备的构造原理和使用方法时，往往需要绘制实物图，而仅用几根线条突出研究对象的大体轮廓和本质特征，就是绘制示意图了.

(1)“小孩推墙——力的作用是相互的”简笔画.

（2）“踢球头球——力改变运动状态”简笔画.

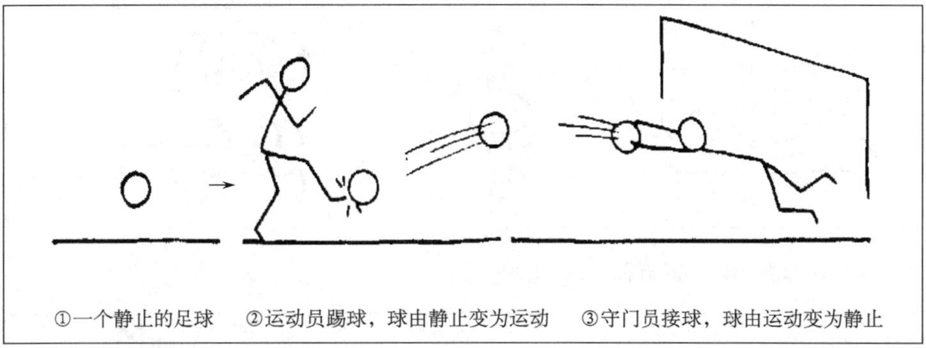

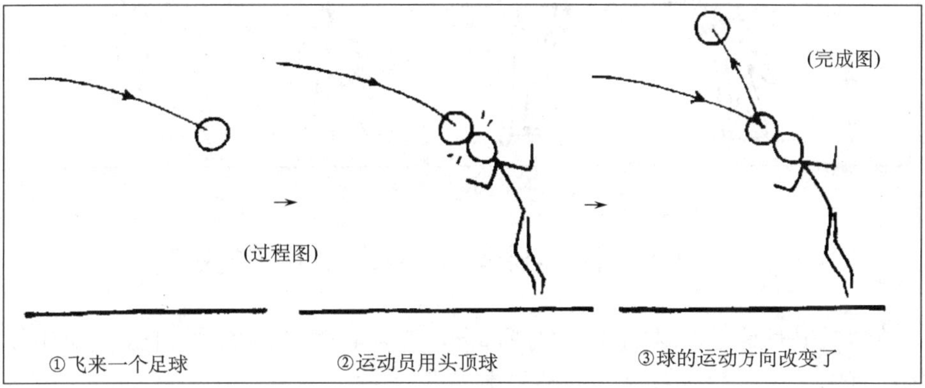

（3）“生活中的简单机械”简笔画.

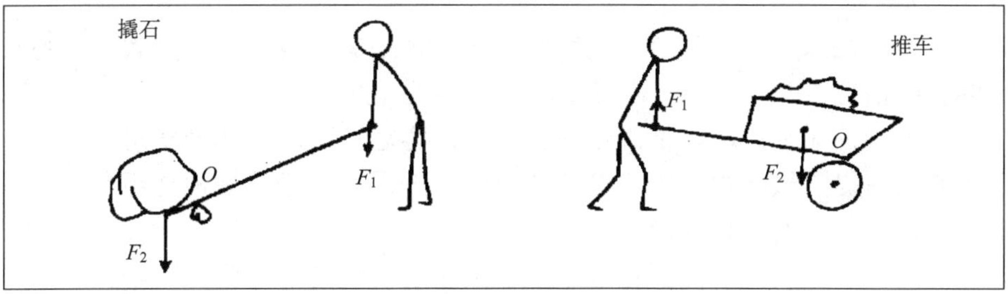

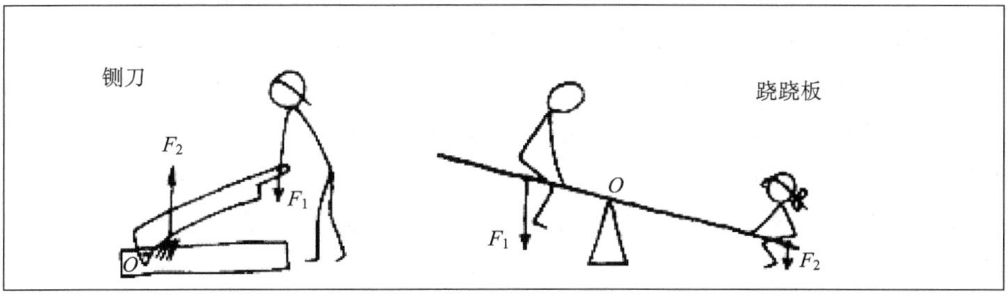

（4）“安培定则与通电螺旋管磁场”简笔画.

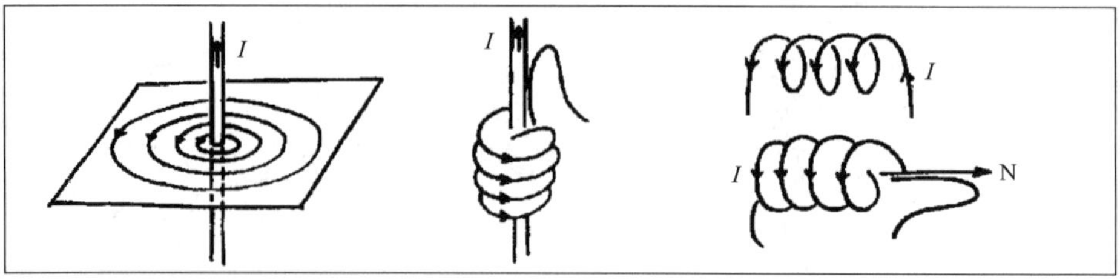

（5）“安全用电”简笔画.

8.3　中学物理课堂教学板书应用要领

教学板书是课堂教学的重要组成部分，它能将教学内容系统化、条理化、形象化，有助于突出教学重点，突破教学难点.

1. 应该遵循 9 个原则

（1）目的性原则：要符合总的教学目的，体现教学意图，注重教材的特点和学生的实际情况.

（2）准确性原则：应以准确理解教材的内容思路、教师的教学思路、学生的学习思路为前提，教学板书内容要注意科学、严谨，必须正确地使用字、词，才能准确无误地描述所讲授的内容.

（3）简明性原则：应当抓住最本质、最主要的内容，做到少而精.

（4）条理性原则：在板书设计中要求条理清晰，讲述稍纵即逝，而板书则能较长时间停留且看得见，它是教师讲述和引导学生掌握教材的思路.

（5）启发性原则：教师在设计板书时要具有启发性，板书中的每个字、词、句都应具有启发性，能引起联想，唤起学生对知识和方法的想象和记忆，帮助学生理解知识，引起思索.

（6）多样性原则：教学内容不同，板书形式也有所不同，就是同一内容，由于侧重点不同，在板书内容与形式上亦有不同.

（7）示范性原则：教学板书是教师对学生的公开示范，特别是物理课堂的作图板书要求教师规范使用作图工具，严格按照规范标准进行.

（8）针对性原则：要针对教学内容和学生特点设计，凡是难讲，学生难记、难理解、难掌握及容易发生错误的地方都应设计板书、板画.

（9）灵活性原则：布局上要灵活，当遇到的黑板与原设计不一致时，就必须进行临时变通. 内容上也要灵活，师生互动中常会遇到原定的板书难以自然出现的情况，应适当采取应变措施，主动给学生留有余地，使之获得“填补空白”的思维机会.

2. 注意板书设计的目的性、整体性以及制约因素

精心构思、整体设计，合理布局、虚实相生，配合讲解、出现适时，师生合作、共同参与，写字作画、技巧娴熟，教学板书既要符合书写规范要求，又要充分利用黑板的有限空间. 有的内容必须在板书中体现出来，而有的内容通过省略号或丢空的办法使之隐去，这样不仅可以节省教学时间、突出教学重点，而且能提高学生思考问题的能力，启发和调动学生积极主动学习，也能让整个板书紧凑、匀称、协调、完整、美观、大方，避免引起学生视力过早疲劳，也有助于培养学生的审美能力.

3. 板书的时机

按照教学需要，有的板书内容可以先讲后写，有的则要先写后讲，而有的必须边讲边写. 一般来说，先讲后写的板书能起总结作用，可以加深学生对问题的理解；先写后讲的板书能起到引导作用，诱引学生去追寻教师的思路；边讲边写的板书则能起到控制作用，可以使知识线索、教师思路和学生想法合拍共振. 让学生参与板书过程，也是一项可行的好办法.

8.4　中学物理课堂教学板书应用案例与分析

1. 实例 1——“物体的浮与沉”教学板书

1）课堂教学板书结合板画实拍

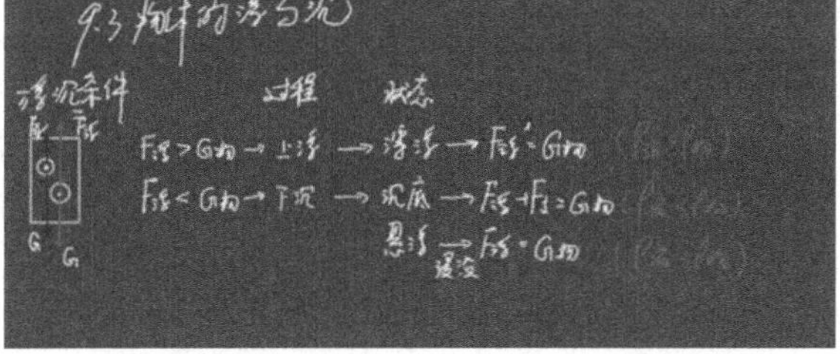

2）评价

板书结合板画，推导式的板书逻辑严谨，这样的板书能够带动学生的思维和教师一起进行推导，对学生理解物理原理和结论的由来是非常有利的，层层深入，一步一个脚印，条理清晰，但此过程中教师的主导作用非常重要，学生对教师的依赖程度高.

2. 实例2——“用牛顿运动定律解决问题（二）”教学板书

1）课堂教学板书结合板画实拍

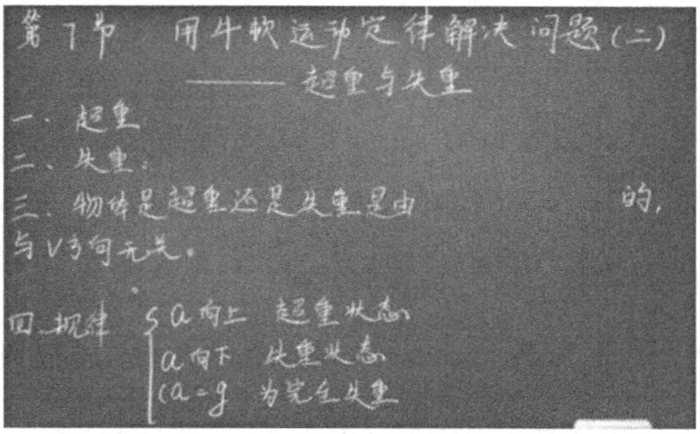

2）评价

要点式板书——只列出标题、要点和层次，能清晰地反映出授课内容的逻辑思路和层次，要点式板书的缺点是，表现形式较为平淡，长期使用会失去对学生的吸引力.

3. 实例3——“第一章 运动的描述”教学板书

1）课堂教学板书结合板画实拍

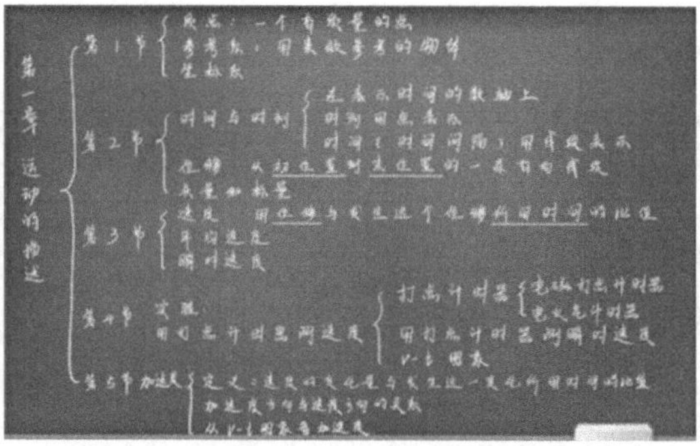

2）评价

总分式板书——便于学生理解各部分之间的上下包含关系，从整体上把握知识内容，多用于引入新课题或单元复习.

4. 实例 4——“功和内能”片段教学板书

1）教学片段实录

教学片断：通过实验探究功和内能的定性关系.

演示实验：在透明玻璃瓶内滴一些酒精，用羽毛球把瓶口塞住，向瓶内打气，观察瓶内的变化（如图 8.7（a）所示）.

羽毛球冲出过程（画图分析，如图 8.7（b）所示）：

（1）分析密闭气体膨胀过程；

（2）分析羽毛球受力；

（3）气体对羽毛球做功；

（4）羽毛球向上跳起的同时看到瓶内出现雾；

（5）解释雾的形成（回忆物态变化）.

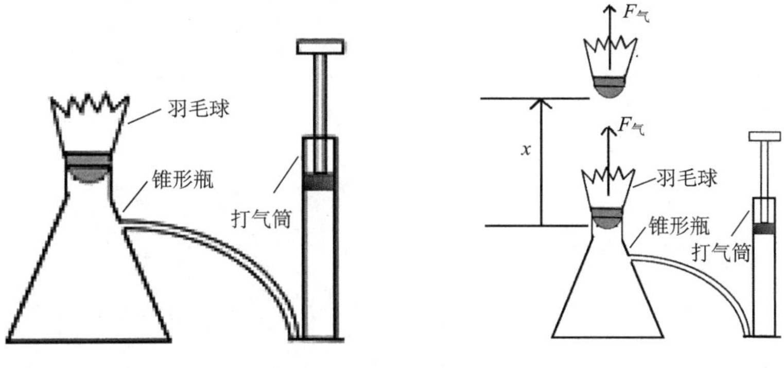

(a)　　(b)

图 8.7　实验过程板画图

小组交流、归纳总结.

结论：气体对外界做功，气体内能减少.

画图分析羽毛球受力：向锥形瓶内打气，羽毛球飞出过程的受力，以及气体对羽毛球做功的过程图.

2）评价

各种物理现象、实验，各种运动过程无不具有发生、中间、终了的瞬时性和变化性. 我们通过板画可以使其中某些瞬时形象再现，便于配合讲解和分析. 例如图 8.7（b）所示可以通过板画把做功过程表示出来.

板画有助于培养学生由形象思维发展为抽象思维的能力，也可以突出物理过程的瞬时性和变化性. 我们通过板画可以使其中某些瞬时现象再现，配以板图，且边画边讲解，学生就很容易理解. 教师可以用板画向学生提出问题，也可以让学生自己作“画”来回答问题.

第 9 章　中学物理课堂教学结束技能

许多教学课堂经常出现“虎头蛇尾”的现象，教师往往有着华丽的导入，但课堂结束匆匆忙忙，甚至没有，对于一节课而言真是一种遗憾. 教学课堂倡导能够形成“凤头猪肚虎尾”，即开头像凤头那样美丽动人，基本教学阶段应像猪肚那样丰硕，结局应像虎尾那样横扫如风. 一堂好的课就是要有头有尾，有始有终，尤其是结尾更要精心准备、巧妙设计，如果不注意课堂的结尾，就等于只顾耕耘，不管收获.

9.1　中学物理课堂教学结束技能概述

1. 概念

教学结束是教师完成一项教学任务时，通过归纳、总结、练习等活动使学生对所学的知识与技能、过程与方法进行及时的巩固、概括、运用的一类教学行为. 结束常用于一节课的结尾，但课堂教学中任何相对独立的教学阶段都需要应用它，小到讲授某个概念、某个新问题的完结，大到一个单元教学任务的终了，对于任何一项活动，结束都是很重要的.

2. 构成要素

（1）回顾. 在一节课或者一个完整的教学活动即将结束时，教师总要引导学生对所学知识、技能进行回顾. 通常的做法有两种：一种是通过教师对刚学过的知识、技能进行梳理，帮助学生回顾；另一种是教师通过一系列的提问，引导学生回顾.

（2）概括和总结. 通过概括和总结，学生对所学的知识就可能由感性认识上升为理性认识，就能使知识系统化、条理化. 特别是有意识地引导学生运用分析、比较、抽象、概括等思维方法，不仅可以使学生加深对知识的理解，而且可以使学生通过学习物理知识逐步学会物理思维方法.

（3）鼓励和评价. 教师在结束时可以采取各种方法激发学生的求知欲，培养学生学习物理的兴趣，比如安排一些既有一定难度，又有一定趣味的思考问题，引导学生积极思考，还可以结合本节课的学习内容对学生自己“发现”规律的好方法给予足够的评价.

（4）布置作业. 物理知识、技能都要通过练习才能得到巩固，给学生布置作业题必须精心挑选和编排，让学生通过练习进行思考、推理，独立地探索问题的答案.

结束是一节课的重要组成部分，它可以通过一系列教学活动将系统的知识、技能完整地再现于学生面前，不仅使学生头脑中留下深刻的印象，而且使学生获得成功掌握知识的喜悦，进一步激发学生学习的兴趣. 好的结束有系统归纳、概括巩固、铺垫发展、置疑生趣、引导运用等功能.

3. 教学结束经过四个阶段

（1）简单回忆：对整个教学内容进行简单回忆，整理认识的思路；

（2）提示要点：指出内容的重点、关键是什么，必要时可做进一步的具体说明，进行巩固和强化；

（3）巩固应用：把所学知识应用到新的情境中去，解决新的问题，在应用中巩固知识，并进一步激发思维.

（4）拓展延伸：有时为了开拓学生的思维或把前后知识联系起来形成系统，而把课题内容扩展开来.

9.2　中学物理课堂教学结束的类型

每一节课的教学任务不同，教学课堂的结束形式也不尽相同. 通常有封闭型和开放型两种形式，在实际教学中，开放型的结束用得多一些.

1. 封闭型结束

通常用于一章或一节比较完整、系统的知识教学之后，它通过归纳、总结、实际运用、转化升华等教学活动把学生所学的知识、技能系统化，使学生对所学的知识、技能加深记忆和理解. 这个工作可以由学生单独完成，也可引导学生集体讨论完成. 其目的是巩固学生所学到的知识，把学生的注意力集中到课程的要点上去，这种方法虽然是对问题或课程的归纳总结，对结论和要点的明确及强调，但也应该是有趣的，尽可能引出新的问题，把学生刚学到的知识应用到解决新问题中去. 常用的方法有：

（1）区别对比. 教师采用总结、提问、列表等方法，将新学知识的各个部分以及新知识与原有知识进行比较分析，明确它们的内在联系或相同点，找出它们各自不同的本质或特点，以起到更准确、更深刻理解知识的作用.

（2）竞赛活动. 教师可以根据教学内容组织全班或小组进行一些教学实践活动，如知识竞赛、操作比赛、小组讨论和观察制作，也可以通过提问、小测验、完成课堂作业等方式，使学生用口头或书面表达形式，对所学内容进行练习，从而牢固掌握所学知识.

（3）实践应用. 用向学生提出问题的形式，也可用实践操作的形式，要求学生利用当堂所学知识解决生活、生产、社会实践中的问题，达到学以致用、活学活用的目的.

（4）构建思维导图. 教师依据教学的主要内容及其相互联系，引导学生讨论小结，构建本节课的思维导图. 这种结尾方式，对知识的温故知新、密切知识的联系、使知识系统化都有着重要的意义.

2. 开放型结束

它是一个与其他学科、生活现象或后续课程联系比较密切的教学内容，不只限于对教学内容要点的复习巩固，而且要把所学的知识向其他方向伸延，以拓宽学生的知识面，引起学生更浓厚的研究兴趣，或把前后知识联系起来，使学生的知识系统化，开放型结束通常用于某一系统知识或一章、一节教学活动的中间，下节课的教学内容是这节课的继续和延伸. 结束时教师既要组织学生对本节课学习的知识、技能进行巩固、总结，又要为下节所学的知识做好铺垫，鼓励学生积极探索，激发学生继续学习的积极性. 常见的方法有：

（1）悬念存疑. 上下章节之间的联系有时非常密切，在前一部分完成时可以把下一部分的重点或学生感兴趣的内容提示出来，就像评书最后那句“欲知后事如何，且听下回分解”，结合教学内容设置一些必要的悬念，留下一些富有启发性的问题，让学生课后去思考，使他们对教学产生“言犹尽而意无穷”的感觉，以激发学生对进一步获取新知识的欲望，架起新旧知识的桥梁，密切知识之间的联系.

（2）拓展延伸. 教师在讲授将要结束时，可以在总结归纳所学知识的基础上，将教学内容向社会实际、生活实际、学科发展前沿开拓延伸，以便学生了解学习的价值，引发学习的间接兴趣，使学生将课堂所学知识与其他学科知识和现实生活紧密联系起来，学会初步运用知识于实践，培养学生探究问题的精神.

就具体课型而言，结束的方式也不一样，大概有总结归纳式、练习巩固式、比较式、设疑伏笔式、启导预习式、激励式、学生提问式，在后面案例分析中再举例分析.

9.3　中学物理课堂教学结束应用要领

具体进行教学课堂结束时，要防止“结束”的教学活动流于形式，从教学效果这一本质方面考虑“做什么”和“怎么做”的问题，一般来说，搞好课堂教学的结束工作，必须遵循以下应用要点.

1. 结束要做到水到渠成，自然妥帖

课堂教学结束是一堂课发展的必然结果，它既反映了课堂教学内容的客观要求，又是课堂教学自身科学性的必然体现. 为此，教师在讲授时要注意避免出现两种极端：一是课堂教学节奏过快，较早地讲授了课堂教学的主要内容，实施了课堂教学的主要环节，给结束留的时间过多，结果学生无事可做；二是课堂讲授“拖堂”，教师主观愿望是想使学生多学一点，但客观效果却适得其反，最后只好三言两语仓促结束课程，学生既无法总结课堂所学知识，更无法消化理解. 总之，不论是提前结束课，还是讲课“拖堂”，都是违反课堂教学结束基本要求的不正确做法. 为此，每一个教师都应充分备课，周密安排课堂教学活动，适时调节课时容量，善于根据课堂教学的客观实际改变教学过程，避免出现前紧后松和前松后紧以及“超负荷”的现象.

2. 结束要做到结构完整，首尾呼应

教师在设计课堂教学结束时，首先要考虑为实现一定的教学目标服务. 在这个统一目标下，加强前后联系，保证课堂教学结构的完整性，以防止孤立地就课堂教学的结束来安排其结尾，结课时要适当照应开头，使结束语好似一条金线，能使学生将零散的知识串联起来，形成完整的知识结构，做到首尾相连，前呼后应.

3. 结束要做到语言精练，紧扣中心

“没有结束语的结尾贫乏无力，可是没完没了的结尾则令人生畏”，课堂教学结束的语言一定要少而精，画龙点睛，一语破的. 教师应在结束前的短暂时间内，以精练的语言使讲课的主题得以提炼升华，使学生对课堂所学知识有一个既清晰完整又主题鲜明的认识.

4. 结束要做到内外沟通，设疑激趣

为了充分发挥各种教学组织形式在培养学生中的协同作用，课堂教学结束时，不能只局限于课堂本身，要注意课内与课外的沟通，学科课程与活动课程的沟通，本学科课程与其他学科课程的沟通，有助于学生拓宽知识面和掌握知识. 教学是一个不断设疑、释疑、再设疑的过程，在课堂教学结束时，教师要注意给学生留有思考的余地，以激发学生的兴趣，培养学生的创造能力.

5. 结束要做到体现教学目标

结束一节课，无论是总结知识、培养能力的活动，还是发展智力、进行审美教育和思想品德教育的活动，都要为完成本节课的教学目标服务.

6. 课堂结束中可能会存在的问题和一些注意事项

在教学中，各种综合因素会对课堂教学产生一定的干扰，那么课堂结束环节往往会出现一些问题，具体用五个字概括：“无”,有的课堂没有结束环节；“残”，有的课堂结束环节抓不住重点，击不中要害；“浅”，有的课堂结束环节缺乏深度，过于平淡；“散”，有的课堂结束环节没有形成知识的系统结构和知识网络；“拖”，有的课堂结束内容安排过多，时间紧造成了拖堂. 那么教师针对这些问题就应该注意：①要突出重点、加深理解；②注意发挥学生的主体作用；③注意因材施教.

9.4　中学物理课堂教学结束技能应用案例与分析

1. 实例 1——“电磁铁”教学结束

1）使用教材

初中九年级全一册物理第二十章第 3 节，人民教育出版社.

2）课堂教学片段实录

（在探究完电磁铁磁性与哪些因素有关后，介绍了电磁铁的有关内容，教师安排了学生自主总结的课堂结尾.）

师：在经历了快乐的学习后，今天物理课堂上你收获了什么？

生 1：我知道了电磁铁的结构.

生 2：我知道了影响磁性强弱的因素.

生 3：我会用控制变量法来完成实验探究.

生 4：我们一起又学了一节物理课，哈哈，解决了一些问题，又有一些新的发现，很有趣.（师生都开心地笑了）

师：都有哪些新发现呢？

生 4：钢芯也能吸起大头针，但是断电后还会有一些磁性，有时候用起来不方便，铁芯就比较好.

生 5：铝芯代替铁芯就没法吸起大头针，说明需要铁磁性材料，比如铁钉才能磁化. 对于这个，我们组最有感受.

师：为什么？

生 5：实验出来的.

师：说得好，物理就需要动手体验，实践出真知.

生 6：老师，我还有一些不明白的，能够提出来吗？

师：我们一起来听听看.

生 6：滑动变阻器是不是电磁铁？

话音刚落，同学们就开始议论起来，有的说是，有的说不是.

师：刚刚说了，动手实验，实践出真知，试试看？

（学生马上动手，先观察滑动变阻器内部是瓷芯，然后通电后去吸引大头针，发现没吸起来. 针对上面的现象，归纳出几种看法. ）

生 1：滑动变阻器不是电磁铁，它内部是瓷芯不是铁芯.

生 2：电流通过它有热效应，没有磁效应.

生 3：不对，电流周围肯定有磁场，它应该磁性太弱了吧.

师：同学们的研究和推理能力非常棒，科学发展进程中就需要有这样的精神.

3）评价

观点 1：一节课教完了，学生对自己的“学习成果”进行总结、反思是理所应该的，能够在总结中提出新问题那就非常棒了，这样对话的总结中，构建一种民主氛围，教师总能积极鼓励地看待学生的观点，这有利于培养学生自主学习的能力.

观点 2：课堂小结，师生彼此敞开心扉，倾听对方意见，共同反思和分享，真正让课堂知识进行了内化，同时又在互动中相互影响、补充，最终共同进步，这是非常好、非常诚恳真切的小结方式.

观点 3：针对最后的教学结束，教师最后的那句鼓励可能是发自内心的，但是从学生角度来说就显得有一丝遗憾，没有得到老师比较确定的回应. 这样引发的结果可能是学生课后继续查阅资料进行学习，也可能是学生一知半解，没有真正搞清楚滑动变阻器是不是电磁铁这个问题.

2. 实例 2——“力的合成”教学结束

1）使用教材

普通高中教科书物理必修 1 第三章第 4 节，人民教育出版社.

2）课堂教学片段实录

师：本节课我们用短短的 40 分钟探究出了平行四边形定则，但它在科学的发展历程中却经历了 2000 多年，先后经历亚里士多德、斯蒂文、牛顿、潘索等多位科学家的不断探索、修正、完善，最终才得出我们今天的平行四边形定则，成为所有矢量运算的法则. 平行四边形定则的发现，也为人类利用数学方法解决物理问题开辟了一条新的道路. 最后，请同学们欣赏一段小视频，老师利用今天所学知识，课前做了一个有趣的实验，事先录制了一段视频，请同学们带着思考的眼光去欣赏. 视频内容简介：展示两根铜丝，两位同学用力拉不断，但老师借助一个简单的道具，稍微用力，铜丝断了.

师：铜丝断了，但我们探究知识的脚步从未中断！谢谢同学们！

3）评价

观点 1：教师最后介绍了平行四边形定则的发展历程，评价平行四边形定则的发现，为人类利用数学方法解决物理问题开辟了一条新的道路. 让学生加深对科学思想的领会，以及学习科学家为追求真理不停地探索、实事求是、长期坚持的科学精神和素养，把核心素养教育融入学科教学中，属于开放型结束中的拓展延伸.

观点 2：最后教师以视频“双手断铜丝”实验结尾，借助一个简单的道具，稍微用力，铜丝断了，需要准确解释视频中铜丝为什么会断的问题，还需要学生们进一步的学习，延伸思考，激励学生课后继续探究. 设置新问题为下一节“力的分解”承接过渡，属于开放型结束中的悬念存疑. “但我们探究知识的脚步却从未中断”，也有情感、态度、价值观的升华.

3. 实例 3——“机械能守恒定律”教学结束

1）使用教材

普通高中教科书物理必修 2 第八章第 4 节，人民教育出版社.

2）课堂教学片段实录

情境导入：课堂以综艺节目“加油向未来”的一段视频来引入，撒贝宁坐在摆球中被拉到距离地面 8m 高的空中，张腾跃则坐到和摆球完全对称的位置上. 在摆球完成摆动的过程中，两人在 8m 的高空尝试击掌.

师：撒贝宁坐在大摆球中能否与张腾跃在空中击掌成功？本节课的学习将为我们揭开谜底.

……

结尾部分：

师：学过机械能守恒定律后，我们来揭开视频的谜底，撒贝宁和张腾跃能否在空中击掌？为什么他们不能在空中击掌成功？

生：如果不考虑一切阻力，机械能守恒，他们还有可能成功. 因为有阻力的存在，机械能有损失，所以碰不到.

师：这位同学总结得很好. 也就是说，不是任何情况下机械能都是守恒的，机械能守恒是有条件的.

师：本节课我们分别通过理论分析和实验探究、论证、归纳的方法去研究了机械能守恒定律，理解了机械能守恒定律的内容和成立的条件. 在学习过程中我们用到了很多方法，希望同学们在今后的学习中，除了关注所学的知识本身，也要多关注思维方法、实验探究的方法，这些对我们的终身发展更有意义.

3）评价

观点 1：该教师在课堂结束时组织学生对开头视频中撒贝宁和张腾跃不能在空中击掌成功进行了分析，组织学生对本节课所学的知识进行总结，照应了开头，做到了首尾呼应，加深了学生对机械能守恒定律内容和机械能守恒定律成立条件的理解，保证了课堂结构的完整性.

观点 2：最后教师希望同学们在今后的学习中，除了关注所学的知识本身，也要多关注思维方法、实验探究的方法，这些对我们的终身发展更有意义. 属于开放型结束，培养学生在平时的学习中除了关注知识，还要关注思维和方法，为学生的终身发展奠基.

第 10 章　中学物理课堂教学实验演示技能

10.1　中学物理课堂教学实验演示技能概述

中学物理演示实验是为了展示物理现象，揭示物理过程的发生、发展，引导学生进行观察、思考，并配合教学内容而由教师操作给全班学生进行观察、思考和分析，以达到一定教学目的的实验教学方式.

它主要是以配合讲解、建立概念、总结规律为目的，以全体学生共同观察为特点的实验. 演示实验的优点是能够充分发挥教师的主导作用，并为学生独立进行实验创造条件. 一些成功的演示实验，不仅使课堂气氛活跃，获得很好的教学效果，而且常给学生留下难以磨灭的鲜明印象，激起他们对物理学习的浓厚兴趣.

简单生动的演示实验把抽象复杂的物理概念规律生动直观地展示在学生面前，帮助学生在物理现象和物理知识之间建立必然的联系，培养学生的实验观察能力、物理思维能力和对物理思想方法的认识及创新意识，激发学生学习物理的兴趣，启迪学生的思维，增强学生分析和解决问题的能力，对课堂教学有极好的辅助作用.

演示实验的教学效果一方面取决于实验能否顺利演示，能否出现预期的物理现象和过程；另一方面取决于教师自身的实验技能和教学基本功以及教师对演示实验教学所采取的教学策略和对教学过程的设计. 比如，在物理课堂演示实验教学过程中，演示实验如何辅助于物理概念和物理规律的教学？安排在教学的哪个环节？以何种形式促进学生的概念转变和对规律的认识？等等，都需要在教学设计的过程中进行深入的分析和研究.

10.2　中学物理课堂教学实验演示的类型

演示实验是物理课堂教学中一种深受欢迎的实验形式，按它在教学过程中的具体功能可以分成以下四大类型.

1. 引入课题的演示实验

这类演示实验用于讲授新课之前，其目的在于引起学生对即将研究的问题的兴趣，激发求知欲望，它的特点是引人入胜、发人深思. 例如在讲解超重与失重之前，先演示“纸带提勾码”实验，纸带本身能承受勾码的重力，迅速向上提纸带，纸带为什么会断呢？这样就能在活跃的气氛中引入新课，打开学生思路，收到良好的教学效果.

2. 建立概念和规律的演示实验

这类演示实验用于讲授新课之中，其目的在于提供感性认识材料，借以形成概念或建立规律. 它的特点是：实验条件明确，观察对象集中，演示层次分明. 例如在讲解自由落体运动的概念时，首先让一块金属片和形状、大小均相同的纸片从同一高度自由释放，可以看到金属片比纸片落得快. 这种现象学生在日常生活中司空见惯，并往往已经形成了“重的物体比轻的物体落得快”的错误观点. 然后改变一下实验的做法，把纸片揉成一团，再让它与金属片同时从同高度释放，两者几乎是同时落地的. 在此基础上引导学生思考，得出正确的感性认识：纸片与金属片下落快慢不同，是由于空气阻力对它们的影响大小不同. 由此联想到假如在真空中，理所当然地，无论物体轻或重，下落的快慢应该毫无区别. 接着演示“牛顿管实验”，这样顺流而下，一气呵成，极自然地建立了自由落体运动的概念：物体只在重力作用下，从静止开始落下的运动叫做自由落体运动.

3. 深化与巩固物理概念和规律的演示实验

这类演示实验一般是在讲授新课之后进行，其目的在于加深理解、强化记忆. 它的特点是：在原有的实验基础上变换一些条件，以利于扩展与推广. 例如在初中物理浮力教学中，为了加深对浮力产生原因的理解，在按教材内容从理论上作了说明后，接着做一个“浮体沉而不浮”的实验. 石蜡的密度小于水的密度，通常可以漂浮在水面上，所以是浮体. 但是在特定条件下我们可以令它“沉而不浮”. 具体做法是这样的：取一只平底烧杯，将一块底面平滑的长方体石蜡块放到烧杯内，缓慢注水，直至浸没石蜡块，石蜡块沉在底部并不上浮. 为什么出现这种奇怪的“浮体沉而不浮”的现象呢？原来水与石蜡是不相容的，在石蜡块与烧杯底部密切接触时，水不能钻入其间的空隙中去，因而石蜡块只受到水对它的上表面向下的压力，而下底面则不受水对它向上的压力，或者说石蜡块受到水的向下压力，没有受到水的向上压力. 通过这样的演示令学生更深刻地认识到液体对浸在其中的物体产生的浮力就是由于液体对物体向上和向下的压力差而产生的.

4. 应用物理知识的演示实验

这类演示实验可在讲授新课之后进行，也可在复习课中演示. 其教学目的在于让学生运用所学的知识解释实验现象，培养学生理论联系实际和分析问题、解决问题的能力. 例如初中物理讲授完焦耳定律 $Q = I^2Rt$ 以后，可以做这样的演示：把两只标有“220V　500W”的电热水器（俗称“热得快”）分别串联或并联后加热同样的一杯水. 实验结果将表明，把水煮沸并联需要的时间少，串联需要的时间多. 引导学生分析这一实验现象，把焦耳定律和欧姆定律结合起来就可得到焦耳定律的变形：$Q = U^2t / R$，当电压 U 保持不变时，Q 与 R 成反比. 两个电热水器并联的电阻小于串联时的电阻，在相同的时间内并联时放出的热量多于串联时放出的热量，所以串联时煮沸水需时多，并联时需时少.

10.3　中学物理课堂教学实验演示技能应用要领

1. 要有目的性、启发性、趣味性

物理演示实验具有形象真实、生动有趣的特点，能为学生在形成物理概念、得出物理规律前营造出鲜活的物理情景，使学生多个感官受到强烈的刺激，能起到任何语言都无法起到的作用. 因此，作为一名物理教师，首要任务就是：尽一切可能，在课堂上为学生展现出丰富多彩的物理现象和鲜活的物理情景.

例如：做物体的浮沉实验，将一只鸡蛋放入浓盐水中，然后缓缓倒入清水稀释、搅拌，随着盐水的不断稀释，鸡蛋排开液体的体积增大，由漂浮状态慢慢变成悬浮状态，最终沉入杯底. 这说明：浸在液体中物体的上浮和下沉，决定于它所受浮力和重力的合力.

教师不仅要用好课程标准上规定的演示实验，甚至也可以将教材上的一段话、一幅插图、一道习题搬上“讲台”，进行演示. 演示的形式不能仅是“教师演，学生看”，还可以是“教师导，学生演”.

2. 简易方便

演示实验要做到三个简单，即仪器结构简单、操作简单和由演示现象到得出结论的过程简单. 以低压沸腾的演示为例加以说明，演示低压沸腾有许多方法.

方法一：用抽气机和真空罩演示.

方法二：将烧瓶中的水煮沸、加塞，停止加热后水沸腾停止了. 再将瓶倒置在支架上，往瓶底浇冷水，水又重新沸腾起来.

方法三：往瓶中倒入 80～90℃热水，水温低于沸点，不沸腾. 用抽气机（或针筒）抽气，水就沸腾起来.

方法四：用 100mL 的大针筒直接抽取约 10mL 的 90℃左右的热水，将针筒尖端用橡皮帽封住，拉动活塞，针筒内的水就沸腾起来.

比较上述四种实验方法，显然方法四最符合“三个简单”的要求. 凡是能用

简单的方法演示的实验，就不必把它的实验装置复杂化. 那种片面追求高、精、尖的演示仪器，贪大求洋的做法并不可取.

3. 现象要清晰，演示要确保成功

演示实验的成功与否在很大程度上取决于实验现象是否清楚. 怎样才能使现象清晰呢？

1）尺寸够大、位置够高

为了让全班学生都能看清楚教师的演示，要求仪器的尺寸尽可能做得大一些，像大型示教电表、演示用弹簧秤、游标卡尺等都是为了使现象清楚而设计制作的大尺寸仪器. 原则上能采用大型仪器演示的决不要换用小的. 但是有些仪器不宜做得太大，此外，有一些物理现象所能显示的变化本来就很微小，为了使演示实验现象清楚，就有必要采用各种机械放大或光放大或电放大装置，或采用间接显示的方法.

2）图像要竖直、运动方向应取横向

许多电学演示实验，如果线路都平摊在桌面上，那么学生就看不清楚各种元器件及仪表的连接方法. 采用平面镜反射的方法不如采用竖直放置的示教板现象更清楚. 有条件的可将示教板做成多功能的、拼装式的，便于一物多用，充分发挥效益. 示教板上的一些关键部件不必要预先连接好，应该在演示时当堂边讨论边连接，可以提高演示效果.

3）演示实验必须确保成功

怎样才能确保成功呢？

首先要切实掌握实验原理. 例如中学物理中的静电演示实验历来被许多教师视为畏途. 静电学的内容比较抽象，离不开直观的演示，但是实验往往又不容易成功，因此，分析静电实验的特点，把握静电实验的关键，研究实验的方法是十分必要的，静电实验通常有三个特点：①电压高. 电压可以高达数千伏甚至几万伏，使在通常情况下的绝缘体，如木头、纸等，都变成了导体. ②电量少. 一漏就没电荷. ③容易漏电. 因此做好静电实验的关键在于解决绝缘问题，防止压高量少的电荷流失.

其次要认真做好演示前的一切准备工作. 准备工作一般包括：

（1）选择仪器装置，熟悉仪器装置的构造、原理和性能，熟练掌握实验技术，做好预演工作. 教师要亲自用这些仪器装置做几遍，从而熟悉技巧，并及时发现仪器、装置有无毛病或问题，及时检查、修理，改进或校正仪表，并充分估计课堂上可能出的故障，考虑好应急措施.

（2）了解、掌握实验的准确程度，找出产生误差的主要原因和减少误差的方法.

（3）估计和掌握实验时间.

（4）认真设计演示过程中如何引导学生进行观察，什么时候要提出什么问题，启发学生积极开展思维活动，实验中要注意些什么，等等. 教师在备课时必须做到心中有数、胸有成竹.

值得指出，在演示实验教学过程中各种意料之外的偶然原因会导致实验失败. 出了问题怎么办？①要实事求是承认失败. ②要镇静，保持清醒的头脑，争取迅速从中找出失败的原因，确保第二次演示成功，如果当堂课不能反败为胜，则应向学生表示歉意，保证下次成功补做.

4. 要配合讲解，引导学生观察思考

教师在演示之前一定要将演示目的、所用器材、实验过程、观察目标等交代清楚. 在讲解过程中要边讲边演，在演示过程中要指导学生看清主要现象. 如果在引入课题时运用演示实验，注意唤起学生的思考；如果在形成概念和规律的过程中运用演示实验，注意引导学生思维活动的发展，突出现象和本质的联系，使学生建立正确清晰的物理图像；如果运用演示实验来深化、巩固、应用物理概念和规律，就应当突出实验的思考性及理论联系实际的要求.

5. 演示实验动作要规范

教师在做演示实验时，本身规范的操作过程，不仅是实验成功的前提，而且对学生养成严谨求实的良好实验习惯起着潜移默化的作用. 如在使用托盘天平时，取用砝码，移动游码，必须用镊子而不能用手；点燃酒精灯后，火柴不能随手扔在地上，应放在废物杯中；电路的连接应先连接线路后闭合开关，拆卸时先断开关，后拆线路等.

6. 做演示实验，有时需要自制教具

在学生获得某一物理知识之后，让学生组建课题组，运用新知识探索新思路、新方法，通过猜想、制订计划、查阅文献、调查研究、小组讨论等一系列科学探究过程，分工合作、集思广益设计新的演示实验、制作新的演示教具，之后展示成果，相互研讨交流，在学术研讨气氛中进行评价、质疑和答辩. 通过研讨交流相互学习、借鉴、分享成果，进行思维的碰撞，使学生切身体会到学习科学知识的实际价值和运用科学知识解决实际问题的乐趣，训练学生分析、综合、演绎、推理、抽象、概括等科学思维能力，培养学生猜想、假设、独创、评价、交流与合作等科学探究品质以及实事求是、追求真理、热爱科学的科学精神，巩固、深

化、活化所学知识.

例如，学习了大气压强之后，让学生研究还有哪些方法可以验证大气压强的存在，并设计低成本小实验和制作喷泉之类的简易教具进行实践；学习了动量守恒定律之后，研究反冲运动，用可乐瓶制作水火箭（提醒学生要注意安全），用废日光灯启动器加入少量酒精密封制作小火箭，用泡沫塑料做船体、通过气球向后喷气为动力制作喷气船等. 课题完成之后，组织学生进行相互交流，展示并表演自己制作的教具和设计的实验，进行相互评价，提出改进意见. 如此，把由教师控制的演示实验拓展成以学生活动为主的科学探究过程.

7. 增强演示实验的科学性

演示实验的科学性问题有着很丰富的内涵，每个演示实验的目标要求是否紧紧围绕教学内容？教师实验操作是否规范？演示实验的操作如何与推理相结合？演示的方式方法是否合适等都是属于科学性的范畴.

8. 重视演示实验的安全性

安全性包括人身安全、仪器安全和环境安全三个方面. 无论教师在实验室准备演示实验，还是在教室里进行操作表演，一定要遵守安全操作规程，防止和杜绝任何事故的发生. 对于涉及高温、高压、强电流、易燃、易爆和剧毒的演示实验，必须采取相应的保护措施. 教师在操作时也要注意自己与学生的安全. 要有保护环境的意识，对环境造成污染的实验，要有环境保护装置，掉在地上的东西要及时捡起来.

10.4　中学物理课堂教学实验演示技能应用案例与分析

1. 实例 1——“光的折射”导入演示实验

1）使用教材

初中八年级物理上册第四章第 4 节，人民教育出版社.

2）实验器材

自制叉鱼实验装置，如图 10.1 所示.

图 10.1　铁钎叉鱼实验

3）实验演示步骤

（1）介绍实验器材.

（2）教师叉鱼，用叉不着的结果引发疑问：为什么没有叉到鱼？是不是老师没有对准呢？

（3）请一位学生上台来试一试. 强调“瞄准了，再叉”，学生做完之后，让学生回到座位上去，然后向学生展示结果：还是没有叉到鱼. 进一步引发疑问：为什么瞄准了鱼，却叉不到鱼呢？

（4）过渡:“我们今天就来探究这个问题”，从而进入新课.

4）评价

观点 1：此演示实验作为导入，引入与学生生活联系、与折射有关、有趣的现象，目的在于引入主题，激发学生进一步学习、探索的兴趣，较好地起到了导入的作用.

观点 2：让学生上来重做实验，这一设计非常好，坚定了叉不到鱼不是因为没有瞄准鱼，而是有别的原因，从而引发学生思考.

观点 3：教学中教师语言简洁流畅，教态自然大方，与学生交流自然、顺畅，反映出教师具有优秀的教学设计和教学实施能力.

观点 4：这个实验装置比较难做，不适宜平常上课使用.

2. 实例 2——“得出电容 *C* 定义式”实验演示

1）使用教材

普通高中教科书物理必修 3 第十章第 4 节，人民教育出版社.

2）实验器材

自制实验装置，如图 10.2 所示.

图 10.2　自制探究电容器电容定义式实验装置

3）实验演示步骤

（1）介绍实验装置.

四个一模一样的电容器并联，每一条支路上均串联了一个开关，最左边连了一个学生电源，右边是用于测电压的电压表.

（2）介绍实验原理.

开始以一定的电压给第一个电容器充电，充好电就把电源断开. 假设第一个电容器充好电后所带的电荷量为 Q，然后用电压表测出它此时两端的电压 U_1，就得到了一组数据. 然后闭合开关 K_2，两个电容器 C_1、C_2 连在了一起，因为它们是一模一样的，所以这个时候它们会很快地进行一个平分电荷的过程，两个电容器带上了等量的电荷，且均为原来电荷量 Q 的一半，此时断开 K_2，原来第一个电容器上所带的电荷量就变成了原来的 1/2，也就是 $Q/2$，这时再测出第一个电容器两端的电压，就得到了电量为 $Q/2$ 时所对应的电压，又得到了一组数据. 同样的道理，再闭合 K_3，还是同样的电容器，再从第一个电容器上分走 1/2 的电量，断开 K_3 之后，第一个电容器上所带电荷量就变成了 $Q/4$. 然后测出对应的电压，再连一个电量就变成了 $Q/8$. 最后就得到了这一个电容器带的电荷量为 Q、$Q/2$、$Q/4$ 以及 $Q/8$，那么对应的电压是多少？

（3）进行实验，记录实验数据.

（4）数据处理，得到 U-Q 图像，如图 10.3 所示.

（5）分析图像，得出结论.

电容器电压与电荷量的关系					
电荷量/Q	1	0.50	0.25	0.125	0
电压/V	19.63	9.33	4.75	2.4	0

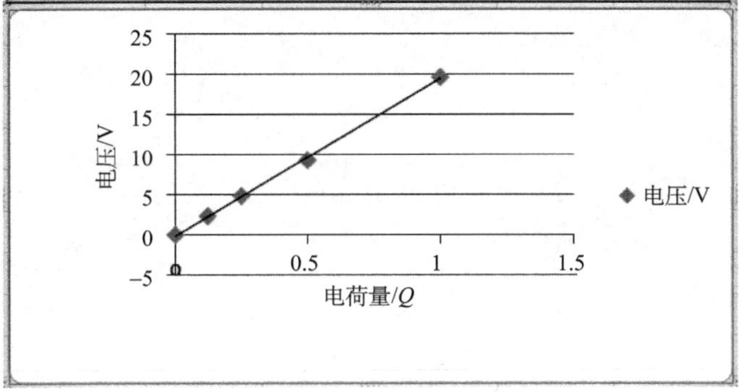

图 10.3 U-Q 图像

不难发现，Q 和 U 近似的是一个正比关系，在误差范围内，电容器上所带的电荷量 Q 与电压 U 的比值是一个定值.

科学家们通过更精确的实验表明，Q 和 U 的比值是一个定值，而对于不同的电容器，这个比值又是不一样的. 说明这个比值反映的是电容器本身性质的物理量，而且我们看看它的含义，表示的是在 1 V 的电压下，电容器所容纳电荷量的多少，所以我们将这个比值就定义为电容器的电容，用来描述电容器储存电荷的本领，物理学上用 C 来表示，$C=Q/U$.

4）评价

观点 1：教材上没有演示实验，此实验为创新实验. 由于无法精确测量电量的多少，借用库仑平分电量的思想，进而得到同一个电容器电压与电量的关系.

观点 2：选用 4 个完全一样的电容器来平分电量，比用 2 个电容器反复平分好，操作更加简单，不容易失误.

观点 3：实验装置与实验原理介绍简单明了.

观点 4：实验数据处理记录表不够规范，有效数字位数不统一.

第三篇
中学物理课堂教学案例实录与评价

第 11 章　中学物理概念教学案例实录与评价

11.1　初中物理概念教学案例实录

1. 课题

密度.

2. 使用教材

初中八年级物理上册第六章第 2 节，人民教育出版社.

3. 执教教师及所在学校

彭春晖，上海市新大桥中学.

4. 课堂教学实录

（课题导入实录，如图 11.1 所示）

图 11.1　课堂导入情景图

师：今天上课前，我们先来进行一场举重比赛，请大家推荐两名同学上来参赛，可以自告奋勇.

生：（推荐同学）

师：来，陈实，陈谷杰，比赛的规则是看谁能将杠铃举过头顶.（手势示范）好，开始.

生：（双双举起杠铃）

师：看来第一轮打平了，请放下，接下来交换场地，我们来进行第二场比赛.

生：（交换位置）

师：好，开始.

生：（一名踉跄）

师：（帮扶）行不行？看来这轮分出了胜负，我想采访下两位同学，刚才的比赛有什么感受吗？（问踉跄的同学）

生：我觉得这个杠铃比刚才那个杠铃（指向）要重.

师：那它们质量大小是？

生：这个杠铃比那个杠铃质量大.

师：你同意吗？（转向另一名同学）

生：同意.

师：你们两位来把杠铃拿起来.

生：（喜悦）

师：这两副杠铃看起来外形一样，为什么这副杠铃质量要小呢？（指向轻的杠铃）

生：（材料、材质）

师：材料不同，这副杠铃是铁做的（指向），那这副呢？（指向）来，你们一起去查看一下.

生：（撕下标签）

师：给大家看一下.

生：（展示）

师：是不是铁做的？

生：（全班学生）不是.

师：究竟是什么材料做的，我们后面会揭晓，谢谢两位，请回座.

生：（回座位）

师：看来材料不同质量不同咯？（语气上扬）老师这里还有一副哑铃（举起）.它和这副杠铃（指向）一样，都是铁做的，它们的质量一样吗？它们的质量和什么因素有关？举手（举手）.

生：（举手）体积.

师：有什么关系？

生：体积越大，质量越大.

师：请坐，大家同意吗？

生：同意.

师：哦，体积越大，质量就越大，那老师这里还有一大一小两个实心物块（两手举起），我们来比比看它们的质量.（放到已调平的天平的两个托盘中）体积大的质量反而……？

生：小.

师：那同学们，你们刚才所得出的体积越大，质量就越大，前提条件应该是什么？

生：同种物质.

师：那同种物质体积越大，质量就越大，质量和体积间还有没有进一步数量上的关系呢？

生：（举手）我觉得它们之间可能存在倍数关系.

师：什么叫倍数关系？

生：同种物质质量与体积间成正比.

师：你为什么这么说？

师：都是铁块的话，一个铁块是另一个铁块体积的两倍，那我觉得它们质量可能也是两倍的关系，以此类推，同种物质质量与体积是成正比的.

师：请坐. 其他同学同意她的看法吗？

生：同意，有可能.

师：觉得不太确定，我们通过实验来进行验证（拨动 PPT）.

师：请同学们思考以下几个问题. 实验中需要测量的物理量有哪些？这些物理量用什么工具测量？测得的物理量应该怎么处理才能验证我们的猜想？小组讨论一下.

生：（讨论）

师：（板书：探究质量与体积的关系）（小组间查看）

师：请一位同学代表他的小组上来交流一下.

生：（投影展示学习活动卡）要探究质量与体积的关系，应把质量和体积先测量出来，第三个我写了质量与体积的比值，因为我觉得，一种物质的话，有可能是一个相同的值，也就是测得质量与体积的比值是一个相同的值，在数学中我们学过正比例函数，所以推测可能成正比.

师：有可能成正比. 那么质量用什么测量？

生：天平.

师：体积呢？

生：量筒.

师：大家同意吗？

生：同意.（异口同声）

师：老师在这里为大家准备了已知体积的待测物体，小组同学商量下派一个代表上来领取.

生：（讨论）（上前挑选）

师：（介绍铁、铝、袋装水）

师：都挑选好了，就请同学们根据刚才设计的实验方案进行实验（拨动 PPT），将测得的数据记录在学习活动卡的表格中，根据实验数据，小组讨论分析得出实验结论. 开始实验.

生：（分组实验，如图 11.2 所示）

图 11.2　学生实验情景图

师：（小组间查看、指导）

师：各小组都完成了实验，我们请一位同学上来交流一下，把小组数据带上来给大家看一下.

生：（投影展示）我们小组测的是水，先用天平测得水的质量分别为 12 克、14 克、16 克，然后我们小组通过求质量和体积比值的方法，发现在水这种物质中，质量与体积成正比.

师：萧同学这一组通过计算水这种物质的质量与体积的比值，发现质量与体积的比值……？（疑问语气）

生：相等.

师：于是我们得出了水这种物质的质量与体积的数量关系. 我们来看一下三组同学的实验数据. （投影展示）铝这种物质，质量与体积的比值虽然有点小不同，但是总体来看接近于 2.7. 铁这种物质的质量与体积的比值也很接近，但相比于铝差异就很大，我们在处理数据时除了利用表格外，更为简洁直观的方法是……？

生：图像法.

师：可以用图像法，那么接下来我们利用图像法进行研究，老师为同学们准备了质量体积坐标纸（展示坐标纸），请同学们根据小组的实验数据，在坐标纸上找到对应的点，每组派一位同学将点直接描在透明坐标纸上，注意不同的物质用不同的颜色表示.（拨动 PPT）铁用黑色，铝用红色，水用蓝色.（分发坐标纸）

生：（坐标纸上描点）

师：（小组间查看）

师：（投影展示）这是研究铁这种物质的小组图像，他们测了三组数据，我们来收集更多的实验数据，还有哪一组是研究铁这种物质的？

生：（举手）

师：好，把你们小组图像带上来.

生：（上前）

师：由于我们使用的都是同一坐标系，（手拿坐标纸）所以我们可以通过叠加透明薄膜的方法来收集实验数据，你能不能帮我们叠加一下？（递给学生）

生：（叠加坐标纸，如图 11.3 所示）

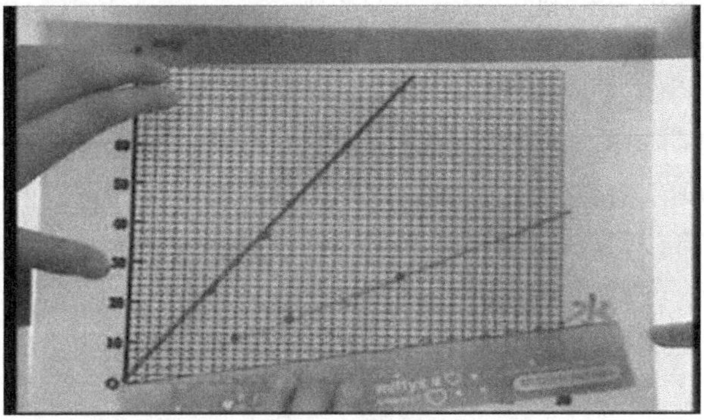

图 11.3　实验数据处理情景图

师：现在我们有了 6 组实验数据，如果我们有时间，测得了 60 组实验数据的话，大家能看到什么？

生：它们在同一直线上.

师：你能不能帮我们画一下这条直线？（疑问、转向台上学生）注意为了得出规律和趋势，你在画这条直线时，要经过尽量多的点，其他的点均匀分布在其两侧.

生：（连线）

师：画得非常好，那么根据图像我们可以得出铁这种物质的质量和体积有什么关系？（举手动作）

生：在铁这种物质中，它的质量与体积成正比.

师：大家同意吗？

生：同意.

师：那么其他物质呢？我们还有研究铝的小组，能不能各派一名同学上来展示？

生：（投影坐标纸，一名同学画，另一名同学扶）

师：好，点能不能描深一点？

生：（描点作图）

师：好，还延长了一部分，（指向投影）根据这个图像我们可以得出什么结论？

生：（起立）在铝这种物质中质量与体积成正比.

师：你们小组刚才研究的是？能不能和另外一个小组也一起上来合作完成展示？派一位同学上来.

生：（上台放置坐标纸、描点作图）

师：请回，根据图像能得出什么结论？（举手动作）

生：在水这种物质中质量与体积成正比.

师：你为什么这么认为？

生：过原点的倾斜直线.

师：过原点的倾斜直线. 请坐.（指向投影屏幕）虽然我们看水这种物质、铝制的物质、铁这种物质，它们有个别的点略有偏离，但是从总的趋势上来说，这是一条过原点的倾斜直线. 那铝也好、铁也好、水也好，它们的 m-V 图像都是一条过原点的倾斜直线，（拨动 PPT）我们能得出什么结论？（举手动作）

生：（起立）同种物质质量和体积成正比.

师：同种物质质量和体积成正比，大家同意吗？

生：同意.

师：请坐. 这也就说明了同种物质质量和体积的比值？（疑问语气）（举手动作）

生：（起立）同种物质质量与体积的比值相等.

师：对吗？请坐.（板书：同种物质 m/V 相同）我们再来看看这三条直线有什么不同，（指向投影屏幕）又能够得出什么结论. 观察一下.

生：（起立）这三条直线的斜率不同.

师：倾斜的程度不同，得出什么结论？

生：由此得出不同物质质量与体积的比值不同.

师：不同物质质量和体积的比值不同，大家同意吗？

生：同意.（点头）

师：请坐，非常好.（板书：不同物质 m/V 不同）

质量和体积的比值与什么有关？（举手动作）

生：（起立）质量与体积的比值与物质的种类有关.

师：与物质的种类有关，（指向黑板）因为不同物质的质量和体积的比值是不同的，好，请坐，非常好.（板书：m/V 只与物质种类有关）

师：（手拿坐标纸）老师也用刚才的实验器材做了一组实验，并且根据实验数据在透明薄膜上描好了点，我们来看一看这个图像有什么规律.（投影展示）

有规律吗？

生：没有.

师：这是同学们刚才所作的 m-V 图像（投影展示），黑色的是铁（坐标纸上标明），红色的是铝，蓝色的是水. 现在把老师的图像叠加到同学们的图像上，大家来看一下.

师：（叠加坐标纸）根据图像能够说明 A、B、C 分别是什么物质？（举手动作）来，这位女生.

生：（起立）A 是铁，B 是铝，C 是水.

师：你为什么这么认为？

生：因为 A、B、C 分别在铁、铝、水这三条直线上.

师：对吧？很好，请坐. 这也就说明了比如 A 物体，它的质量和体积的比值与谁是一样的？

生：铁.（异口同声）

师：铁，那也就可以认为 A 这种物体一般是？

生：铁.（很肯定）

师：铁，看来质量和体积的比值很重要，（拨动 PPT）可以用来鉴别物质的种类，（拨动 PPT），它是物质的一种特性，那么物理学中就用密度来表示这种特性.（板书：6.1 密度，二、密度）那密度是质量比体积，我们是不是可以用比值法来定义密度呢？（疑问语气）

师：请同学们打开书，翻到第 4 页，找找看密度的定义是什么，并划下来.

生：（翻书查找）

师：（组间查看）找到了吗？好，划下来.

师：密度的定义是什么？哪位同学知道？（举手动作）

生：（起立）密度的定义就是该种物质单位体积的质量.

师：（拨动 PPT）密度的定义就是某种物质单位体积的质量，请坐.（指向投影屏幕）那么根据密度的定义式，公式就应该是密度等于……？

生：质量除以体积.

师：（拨动 PPT）那么我们平时在书写公式时，方便起见都是用符号表达的. 密度的公式应该怎么用符号来表达呢？（拨动 PPT）

生：P 等于 m 除以 V.

师：这个符号不念 P，它念作 ρ.（板书书写 ρ），所以密度的公式就应该是？（疑问语气）

生：$\rho = m/V$.

师：（板书：1.定义：某种物质单位体积的质量. 2.公式：$\rho=m/V$.）同学们，密度的国际单位又是什么呢？哪位同学知道？（举手动作）来，那位戴眼镜的女生.

生：（起立）密度的国际单位是千克每立方米.

师：你为什么这么认为？

生：因为质量的国际单位是千克，体积的国际单位是立方米.

师：（拨动 PPT）所以？

生：密度的国际单位是千克每立方米.

师：你同样利用到了比值法来进行定义，对吗？请坐. 密度的国际单位是千克每立方米，（拨动 PPT）那密度除了国际单位之外，还有一个常用单位，克每立方厘米.（拨动 PPT）接下来请同学们翻到书上第 5 页，查看一下精确测量所得出的常见物质的密度表，看看里面水的密度是多少.

生：（翻找课本）

师：（板书：3.单位：kg/m^3 g/cm^3）哪位同学找到了？（举手动作）

生：1000 千克每立方米，1 克每立方厘米.

师：水的密度是 1 克每立方厘米，也可以是 1000 千克每立方米.（指向投影屏幕）给同学们布置一个课下任务，想一想这两个单位之间是如何进行相互换算的. 今天我们学习了密度的知识，接下来我们来实际应用一下，这节课刚开始时所使用的这副杠铃，（指向杠铃）它到底是什么材料做的？同学们经过这节课的学习，有没有办法鉴别出来？用什么样的方法？哪位同学知道？（举手动作）

生：（起立）计算它的密度.

师：怎么计算它的密度？（疑问语气）

生：先测它的质量和体积，然后用它的质量除以体积，就是它的密度.

师：然后呢？

生：根据它的密度到密度表里去找.

师：大家觉得可以吗？

生：可以.

师：非常好，请坐. 那老师之前已经测量好这一副杠铃的质量和体积了，（拨动 PPT）请同学们计算一下它的密度是多少. 由于这种材料在书上的密度表中没有，同学们可以查看学习活动卡的密度表，看看它究竟是什么材料做的.

生：（计算密度）

师：（组间查看）同学们都计算好了，哪位同学能够给我们来说一下？

生：（起立）$\rho=m/V$.

师：（拨动 PPT）然后……？

生：然后等于 1.2 千克除以 4×10^{-3}，嗯.

师：立方米，等于……？（拨动 PPT）

生：等于 300.

师：单位是……？（拨动 PPT）

生：千克每立方米.

师：注意我们所有的物理量后面都要有单位，（指向 PPT）大家计算出来是不是这个结果？ 那么通过查密度表之后，它是一种什么材料？

生：PVC 发泡板. （异口同声）

师：PVC 发泡板，（拨动 PPT）那么这一副杠铃是用铁做的，铁的密度又是多少呢？

生：（抢答）

师：（举手动作）

生：（起立）铁的密度是 7.8 克每立方厘米.

师：也可以是……？

生：也可以是 7800 千克每立方米.

师：（拨动 PPT）请坐. 那么 PVC 发泡板这种材料的密度相比于铁来讲非常地……？ （疑问语气）

生：小.（肯定）

师：难怪我们同学一开始举这副杠铃的时候非常轻松，（指向杠铃）其实这种材料在日常生活当中的应用非常广泛，我们来看段视频.（拨动 PPT）

生：（观看视频）

师：（拨动 PPT）图 11.4 是游客在横店影视基地所拍摄的照片，她手上拿着的是电影中的石块，她的表情看上去很轻松. 那这个石块是真的吗？（指向 PPT）

图 11.4　游客举起石头情景图

生：是.（有的不确定）

师：其实这个是拍电影时所使用的石块，正是用 PVC 发泡板这种材料制作的. 那么除了制作电影道具的这种材料之外，同学们还想不想知道生活中身边其他一些物品的材料的密度呢？比如（拿起实物）铅笔的笔芯是用什么制作的？

生：铅、石墨.

师：看来意见不统一，那么给同学们布置一个任务，（拨动 PPT）下课之后到我这里来领取笔芯，回家测测看它的密度是多少，通过查表看看它究竟是什么材料做的. 这节课就上到这里，下课.

生：（起立）

师：同学们再见.

生：老师再见.

11.2 初中物理概念教学案例实录评价

观点 1：彭春晖老师的“密度”教学要求适当，密度在初中力学教学中占有较重要的地位，该内容是初二力学知识的延续，也是为之后压强和浮力的学习做准备的一堂课，因此在力学中具有承上启下的作用. 学生在学习本节课的内容时，已经学习过质量、体积的概念，具备了描点作图（曾学过 s-t 图像）、使用天平测质量等相关技能，同时初步具备了分析表格记录的数据和利用图像法归纳实验结论的能力，彭春晖老师充分根据学情，立足于利用学生已掌握的技能，在探究物质的质量与体积关系的活动中，让学生经历产生问题、提出猜想、设计实验、实验验证、数据分析、归纳结论的全过程，并尝试用表格和图像法处理数据，体会用图像法处理数据的简洁、直观.

观点 2：本节课彭春晖老师在突破重难点密度概念的形成中，创造性地采取透明坐标纸叠加的做法，每组学生在铁、铝、水中选择测量对象并得到实验数据，在透明坐标纸中描点. 彭春晖老师先请选取同一测量物质的学生将小组数据在投影屏幕下展示并叠加，之后依次请选取其他测量物质的小组学生上台将描有实验数据的透明坐标纸进行叠加，再到请学生由点连成线，学生参与全过程，突破重难点.

观点 3：本节课彭春晖老师通过视频、图像、演示实验、学生探究实验等多种教学手段，充分激发学生学习兴趣，引发思维碰撞，帮助学生建构密度的概念，并通过用测量密度来鉴别物质的实际应用，提高学生应用知识解决问题的能力，养成良好的学习习惯. 学生在教师的引导、启发下，积极参与、主动探索和发现物理规律，充分彰显学生在学习活动中的主体性地位.

观点 4：从这堂课可以看出彭春晖老师对教材内容了如指掌，明确教材中知识的来龙去脉，把它们梳理整合成一条完整的逻辑线：以学生举重比赛引入，连续创设三个情境，使学生形成认知冲突激发学习兴趣；进一步通过观察讨论得出“同种物质，体积越大，质量越大”，从而激发学生探究物质质量与体积的数量关系的欲望；学生自主探究物体的质量与体积关系；引入密度概念，通过比值法定义物理量；学生进行自主学习，理解密度的定义与单位；通过鉴别制作假杠铃的材料，巩固密度知识.

观点 5：彭春晖老师的课堂准备非常充分，如引发学生认知冲突的铁制杠铃和 PVC 发泡板制成的杠铃，课前准备的学习活动卡，以及经历计算查表的过程. 在课上巩固知识，学生计算完密度发现这种材质是 PVC 发泡板时，彭春晖老师进行揭秘，杠铃的材质也是 PVC 发泡板，首尾呼应，且 PVC 发泡板的应用体现物理来源于生活，服务于生活的课程理念.

11.3　高中物理概念教学案例实录

1. 课题

静摩擦力.

2. 使用教材

普通高中教科书物理必修第一册第三章第 2 节，人民教育出版社.

3. 执教教师及所在学校

赵语凝，成都石室天府中学.

4. 课堂教学实录

（第一环节：实验情景导入）

师：同学们，物理是一门以实验为基础的学科，那你们喜欢做实验吗？

生：喜欢.

师：现在我们就来做个实验. 有没有哪位同学愿意上来尝试一下呀？好，有请这位同学.（指着举手的学生）

师：（指着器材介绍实验）这是一个小木块和弹簧测力计，请你通过弹簧测力计用很小的力水平拉动木块.（上台学生实验）木块没动，请增大拉力，（学生没有保持水平）保持拉力水平，（指着弹簧测力计）（学生实验）增大拉力，（木块没动）增大，再增大点，哎，它动了.（老师用手压住木块）它又不动了，增大，再增大点，再增大点，仍然不动.

师：好，请回.

师：为什么我压住木块后就难以拉动它了呢？带着这个问题，一起走进今天的学习：第三章 第 2 节 摩擦力.（板书课题）

（第二环节：建立静摩擦力概念，讲解静摩擦力方向与大小特点）

师：刚刚那位同学用一个很小的力拉木块时，木块没运动. 那么问题就来了，既然力会改变物体的运动状态，为什么木块受到拉力却不运动呢？（停顿）

生：（迷茫，没有回答）

师：要解决这个问题，我们首先要对木块进行受力分析. 首先，在竖直方向受到哪些力呀？

生：重力.

师：还有呢？

生：支持力.

师：它们是一对什么力？

生：平衡力.

师：它们二力平衡，因此木块不动. 但水平方向受到拉力，它依旧相对桌面静止，所以一定存在一个与拉力大小相等、方向相反的力 F 与之平衡. （PPT 上呈现受力分析示意图）（停顿）到底这是一个什么力呢？它又作用在哪里呢？（停顿）我们来做个小实验就知道了. 同学们，请伸出一只手使劲按在课桌上，轻轻向前推但不推动，看有什么感觉.（全体学生实验）

师：（指着一位男生）这位男同学，手上有什么感觉？

生：有力阻碍手滑动.

师：很好！那你觉得是谁给了手这个力呢？

回答问题学生：桌面.

师：对了，请坐. 类似地，木块与桌子接触，接触面也会给木块一个阻碍作用的力，这就是摩擦力. 由于木块相对桌面静止，我们称之为静摩擦力.

师：木块虽然相对桌面静止，但由于受到拉力，存在向右运动的趋势. 由此可见，两个相对静止的物体间存在相对运动趋势时，在接触面会产生一个阻碍物体相对运动趋势的力，我们称之为静摩擦力.

（板书：一、静摩擦力 1.定义）

师：根据定义，你们能得出静摩擦力的方向是怎样的吗？（指着一位女生）这位同学，你来说一下.

生：与运动方向相反.

师：与运动方向相反？再仔细思考一下，它受到拉力，但是它没有运动呀，只有一个趋势，那就说明摩擦力在阻碍它运动，说明摩擦力方向是不是与相对运动趋势方向相反？

回答问题学生：是.

师：那这个力具体作用在哪里呢？

生：接触面.

师：对了，请坐. 所以完整来说，静摩擦力的方向是沿着接触面并与相对运动趋势方向相反.（板书：2.方向）

师：那什么是相对运动趋势呢？

生：（七嘴八舌）

师：首先是相对，我们将谁看为参照物就相对谁. 比如拉木块，将桌面看为参照物，即木块相对桌面. 其次是趋势？假设没有摩擦力存在，（指着实物）木块受到拉力就会向右运动，但由于有静摩擦力存在而阻碍了它向右运动，因此木块仅仅是有向右运动的趋势.

师：知道了静摩擦力的方向，它的大小有什么特点呢？我们接着来研究.（板书：3. 大小）

师：我们再回到拉木块实验，假如它不受水平拉力，木块会受到静摩擦力吗？（指着一位女生）这位同学，你来说一下.

生：会.

师：（惊讶表情）会！为什么？

回答问题学生：它有运动趋势.

师：它没有受到水平拉力，会有运动趋势吗？

回答问题学生：没有.

师：对了嘛，请坐. 没有运动趋势，也就不会受到静摩擦力. 如果存在静摩擦力，而没有力来与之平衡，木块就会运动. 所以当拉力为 0 时，静摩擦力也为 0.

师：接着慢慢加大拉力，木块依旧静止，所以静摩擦力的大小也怎么变化？

生：慢慢增大.

师：继续增大拉力，木块开始动了，这说明静摩擦力大小是不是无限增大的呢？

生：不是.

师：不是，它有一个最大值，我们称之为最大静摩擦力，记为 F_{max}. 当拉力刚刚大于 F_{max} 之后，木块就开始运动. 那最大静摩擦力的大小是不是就等于木块刚刚产生相对运动时的拉力大小啊？

生：是的.

师：因此，静摩擦大小的变化范围在 $0 \sim F_{max}$.

师：通过拉木块小实验得出了静摩擦力的大小特点，同学们是否有一个疑惑：这个最大静摩擦力大小由什么因素决定呢？我们通过实验来探究这个问题.

（第三环节：实验探究影响最大静摩擦力大小的因素）

师：该如何设计实验呢？今天我们就沿着历史的足迹，看看当年在摩擦研究方面做出卓越贡献的法国工程师和实验物理学家库仑是怎样探究静摩擦力大小的特点的.（指着 PPT 出现的实验装置示意图，如图 11.5 所示）这就是他的实验装置图.

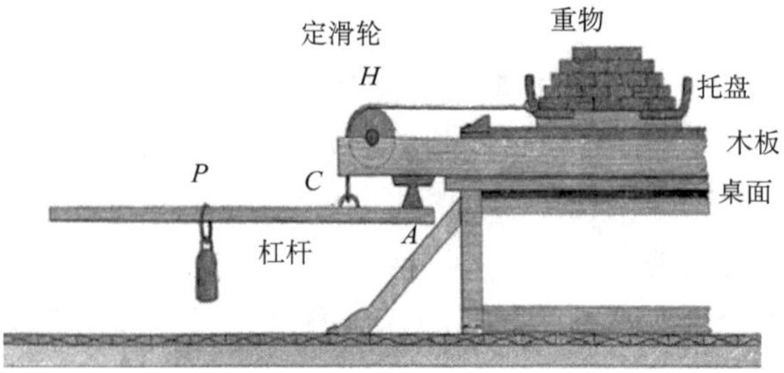

图 11.5　库仑研究摩擦力的实验装置示意图

师：这是一个桌面，其上固定有一木板，木板上放有装有重物的托盘，通过定滑轮将它与一杠杆相连. 思考一下，该如何运用这个装置来测量托盘与木板间静摩擦力的大小呢？

师：首先，我们要保证装有重物的托盘的运动状态是静止的.

师：此时，静摩擦力的大小就等于什么力的大小？

生：拉力.

师：拉力大小又该怎么测呢？

师：库仑想了个办法，运用杠杆就测出了拉力大小.

师：具体来说，A 是支点，秤砣重力 F_1 提供动力，C 点固定，提供一个竖直向上的阻力 F_2，已知 F_1，测出 L_2、L_1，即可求得 F_2.（黑板上画出杠杆原理图，如图 11.6 所示）

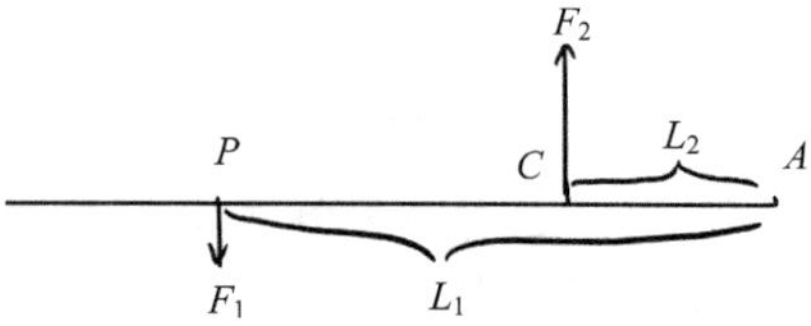

$F_1L_1=F_2L_2$

图 11.6　杠杆原理示意图

师：老师也做了一个实验装置（拿出实验装置，如图 11.7 所示，原理如图 11.8 所示），但在库仑装置基础上有所创新.（指着 PPT 呈现的实验装置实物图）这是装置实物图.（调节实验装置后指着实物）老师采用一个生活中的钩称来代替木棒. 运用它，可直接读数. 为了方便读数，老师已将原有的斤数换成了牛顿，可直接读出拉力大小，非常简便. 但由于钩称的支点在中间的提钮 O，所以秤砣重力提供向下的动力 F_1，Q 点提供向下的阻力 F_2，由于拉力要向上，老师用定滑轮改变这个力的方向. 不难发现，秤砣重力 F_1 不变，阻力臂 L_2 也是不变，通过刚刚的分析，当静摩擦力大小变化时，拉力 F_2 发生变化，我们通过调节 L_1 去调平杠杆. 当木块刚刚相对木板运动时，拉力大小就等于最大静摩擦力大小. 但由于木块刚运动时难以观察到，老师将一激光笔与托盘相连，当刚刚观察到激光微微水平移动时，就读数.

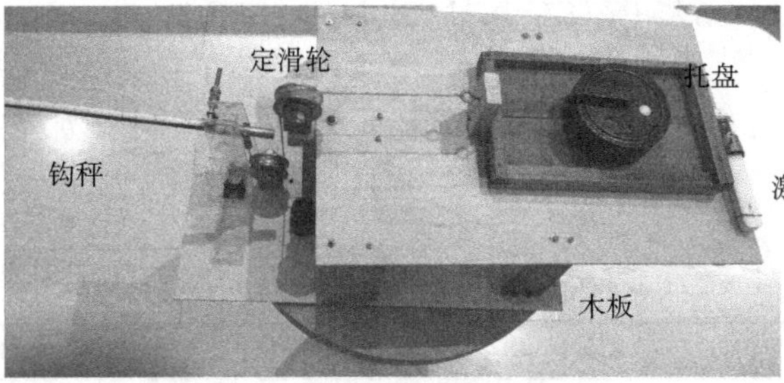

图 11.7　自制实验装置图

图 11.8　自制实验装置原理图

师：接下来我们就用这个实验装置来探究影响最大静摩擦力大小的因素.

师：那你们认为最大静摩擦力 $F_{\max}$ 的大小可能与哪些因素有关？

生：接触面.

师：嗯，可能与接触面的粗糙程度有关. 还有吗？

生：压力的大小.

师：嗯，这位同学很聪明！

师：要探究一个物理量与多个因素的关系，我们要用到什么方法？

生：控制变量法.

师：很好，同学们很熟悉了. 今天我们先保持接触面粗糙程度不变，探究最大静摩擦力大小与压力大小的关系.

师：在这个实验装置中，该如何改变正压力大小呢？

生：增加砝码重力.

师：对，我们通过增加砝码重力来实现增大压力. 下面我们进行实验，同时完成 PPT 上的表格. 老师已经将正压力这列数据算了出来，下面我们完成旁边这一列数据. 请同学们观察激光位置，只要它刚刚微微水平移动时，老师就读数. 老

师做实验，请一位同学上来观察激光位置.（一位女生上台）

师：（进行实验）先放一个钩码，最大静摩擦力大小为 4.25N. 接着再加一个砝码，调平杠杆，最大静摩擦力大小为 6.80N. 好，请回.

师：由于时间关系，我们这儿就不再继续做实验了，老师已提前完成了实验，多做了几组数据，并拟合了图线.（PPT 上呈现表格和图线，如表 11.1 和图 11.9 所示）

表 11.1　实验数据记录表（g=10m · s^{-2}）

砝码个数	正压力 F_N/N	最大静摩擦力 F_{max}/N
0	0	0
1	13.25	4.25
2	23.25	6.80
3	33.25	9.51
4	43.25	12.25

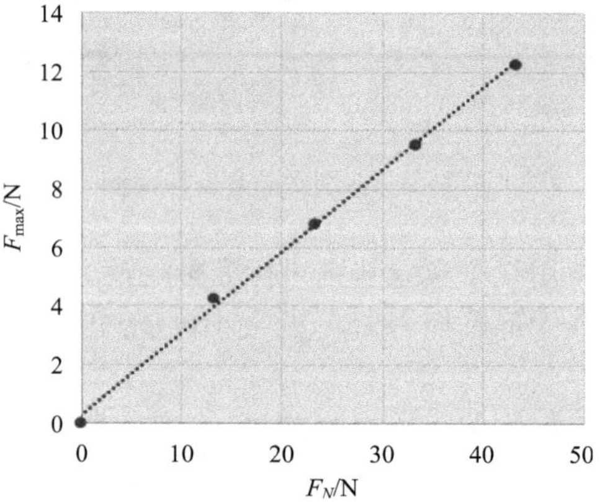

图 11.9　拟合图线

师：（指着一位学生）这位同学，通过这个图像，你得到了什么结论？

生：正压力越大，最大静摩擦力越大.

师：很好，但具体呈一个什么样的关系呢？

回答问题学生：呈正比关系.

师：很好，请坐. 我们不难发现，在误差允许范围内，图线是通过坐标原点的，F_{max} 与 F_N 成正比，正压力越大，最大静摩擦力也越大.

师：我们又该如何探究最大静摩擦力与接触面粗糙程度之间的关系呢？由于时间关系，我们这儿就不进行实验了，请同学们课后思考.

（第四环节：应用）

师：通过今天的学习，同学们能够解释课堂开头提出的问题了吗？（板书：4.应用）（指着一位学生）这位同学，你来回答一下.

生：老师手压木块后，因为正压力变大，最大静摩擦力变大，也就难以拉动木块.

师：很好，请坐.

师：静摩擦力在日常生活中还有许多应用，请同学们课后思考. 今天的课就到这里，谢谢！

11.4　高中物理概念教学案例实录评价

观点 1：用弹簧测力计拉木块小实验导入，实验虽然简单但为建立静摩擦力概念做了很好的铺垫.

观点 2：静摩擦力概念中的关键词“相对运动趋势”“阻碍相对运动趋势”是学生难以理解的，结合二力平衡知识，让学生用手压在桌面上推但保持静止，感知阻力的存在. 这个小实验，学生参与度高、效果好.

观点 3：这个自制实验装置好创新呀！结合物理学史在库仑研究的实验装置上进行实验创新，让人眼前一亮.

观点 4：教学主线清晰. 基于物理学史设计的探究影响最大静摩擦力大小因素的实验是赵老师教学设计的最大亮点，体现出了物理学史在教学中的深层次运用. 拉木块小实验导入，虽然简单，但是为后面建立静摩擦力概念、讲解静摩擦力大小特点以及静摩擦力方向创设了重要的情景，也为后面实验探究最大静摩擦力大小与压力大小的关系做了铺垫，形成了一条很好的教学主线.

观点 5：实验装置很创新. 钩秤做实验虽比 DISLab 数字化实验误差更大点，不过在误差范围内也能得到正确的结论. 主要是还原了科学家的实验探究过程，让学生了解物理学史，学习科学家们的科学探究方法；选用生活中的工具钩秤做实验，体现物理来源于生活，也为生活服务；借用新技术激光的移动来观察托盘的移动，体现了科学技术手段在物理实验中的运用；用定滑轮改变拉力的方向，体现了物理知识的迁移运用.

观点 6: 重点突出. 重点之一是建立和理解静摩擦力的概念，特别是对相对运动趋势的理解是难点，教学中通过学生自己实验来感知阻力的存在，受力没动只是有运动趋势，帮助学生理解. 重点之二是通过实验探究静摩擦力大小的特点以及影响最大静摩擦力大小的因素，在教学中通过自制实验装置进行实验探究，让学生经历科学探究的过程，了解知识的来龙去脉，得出最大静摩擦力与压力成正比的结论.

第 12 章　中学物理规律教学案例实录与评价

12.1　初中物理规律教学案例实录

1. 课题

家庭电路.

2. 使用教材

初中九年级物理全一册第十九章第 1 节，人民教育出版社.

3. 执教教师及所在学校

李建，　重庆市育才中学.

4. 课堂教学实录

（课堂导入教学实录）

师：同学们，刚才重庆夜景美吗？（PPT 上呈现重庆夜景图，如图 12.1 所示）

图 12.1　课堂导入情景图

生：美！

师：那么美丽的重庆夜景可离不开我们电的影响，我们生活中因为有了电而变得方便. 那么我们怎样能够更加安全、方便地享受电的优势呢？我们这一章将开始第十九章“生活用电”的学习. 在上课之前老师来为大家变一个魔术好不好呀？

生：好！（喜悦、兴奋）

师：请朝这里看，（手势引导学生看向演示板）我们现在闭合开关，同学们看到了什么现象？

生：灯泡亮了.

师：好，（手拿电线）我这里有一根从正在发光的灯泡里接出来的一根电线，我们知道家庭电路的电压是多少伏呀？

生：220V.

师：（语气上扬）而我们人体承受的安全电压不超过……？

生：36V.

师：能不能触摸呀？

生：不能.

师：但是，今天老师在上这节课之前，专门学习了一个特别的能力，可以手抓电线，信不信啊？

生：（疑惑、期待）不信！

师：不信啊，来看一下，220V 的电线会不会打手呢？（手指扫过电线，然后一把抓住）

生：哇……哇！（由紧张变为惊讶）

师：成功了吗？

生：成功了.（难以置信）

师：你们不信是吧？那么我这儿有几支声光试电笔，请每组派一个代表用声光试电笔检查一下我带电了没有？抓紧时间. 每组一个代表用声光试电笔检查一下我的额头、手能否带电呢？

生：（如图 12.2 所示，学生簇拥上去用声光试电笔检查，每个身体部位都发光并发出声响）

图 12.2　学生上台实验情景图

师：很好很好，很不错，请回到你们的座位上去，（学生回位，老师放下电线）通过这个实验你们发现老师身上带电了没有？

生：带了.

师：那为什么我手摸了电线还是安全的呢？这一节课我们将揭开其中的奥秘，请将物理课本翻到第 105 页，今天我们一起学习第十九章第 1 节“家庭电路”.（板书：§19.1 家庭电路）

（试电笔学习教学实录）

师：从发电厂发出来的电经过远距离输送进入到我们用户之后呢有两根线（指向 PPT）叫做进户线. 第一根我们叫做端线，也是我们生活中俗称的火线，另外一根叫零线. 我们说的家庭电路的电压 220V，指的就是火线和零线之间的电压为 220V，火线和大地之间也是 220V. 零线在进入用户之前已经和我们的大地紧紧连在一起了，那同学们想一下零线和大地之间的电压是多少伏呀？

生：（小声讨论）

师：0V 对不对？

生：（不敢确信地点点头）

师：我们看到火线和零线以及大地之间的电压都不同，一个是 220V，一个是 0V. 有一个超过人的安全电压，对吧？所以在我们实际生活中判断进户的两根线哪根线是火线，哪根线是零线重不重要？

生：重要.

师：如何来看呢？我们今天就要学习一个新的工具——声光试电笔. 请将你们工具箱里的声光试电笔取出，有两种颜色，（示范）这都是我们的声光试电笔，每人拿一支在手上.（等待）好，现在请拆开声光试电笔，结合课本第 106 页有关声光试电笔的介绍，在学案上写上声光试电笔的构造，每个部位的名称是什么？结合课本观察下.

生：（翻书查找学习）

师：（关注学生自学动态，用时 30 秒）好，我们来看一下声光试电笔的构造，我们用拆开的这个试电笔来观察，第一个部位叫什么呀？

生：（零星几个人回答）笔尾金属体.

师：哦，笔尾金属体又叫金属笔卡，紧接着是一个弹簧，接下来是一个氖管，紧接着是一个……？

生：电阻.

师：你们看到电阻了吗？看到电阻的同学请举一下手，这位同学你来跟大家说一下你看到的电阻在哪里？

生：嗯……在这个笔顶端的上面一截.

师：上面一截是吗？请同学们把中间这个部位取出，中间氖管和旁边串联的地方，同学们斜着看一下，有一个什么样的元件呀？是不是电阻？

生：（拿着声光试电笔仔细观察）

师：是一个不同颜色围绕的色环电阻是吧？这是声光试电笔一个非常重要的部件，叫电阻，后面紧接着是金属的笔尖. 声光试电笔里面最关键的两个部件就是氖管和电阻，这个氖管呀有个非常大的作用，就是有很小的电流流过它，氖管都会发光. 而与之串联的电阻可就不一般了，它的阻值可以达到 100MΩ.

生：啊……（不禁惊叹）

师：为什么要达到这么大的一个电阻呢？同学们看（看向 PPT），当我们的笔尖接触到火线的时候，电流经过火线、笔尖、氖管、电阻进入人体流入大地，此时氖管就能发光. 那同学们想一下，有电流流过氖管，这电流也流过了人体，人体为什么还是安全的呢？

生：有电阻.

师：欸，就是因为这个电阻的存在. 那我们理论上计算一下，家庭电压是 220V，试电笔的电阻大概是 100MΩ，人的电阻大概在 1～10MΩ，我们按最大值 10MΩ 来算，计算一下人体分得的电压大概是多少呢？快速地算一下，应用我们所学的串联分压知识.

生；（拿笔计算）

师：（走动观察学生情况，用时 30 秒）有算出来的吗？这位同学你说一下，你算出来的是多少？

生：我算出来的是：R_2 是人体的电阻，用分压公式来计算，我得出来的人体分得的电压大概是 20V.

师：算对了吗？掌声送给他.

生：（鼓掌）

师：那我们通过计算可以发现，使用声光试电笔时人体的电压只有 20V，远小于这个安全电压，所以安不安全呀？

生：安全.

师：所以这样，我们用声光试电笔来判断我们的火线和零线. 拿出我们的声光试电笔和老师一起看一下如何使用声光试电笔来判断火线和零线.（操作示范）首先用手接触笔尾金属体，笔尖接触我们的待测电路，如果笔尖发光，你们看一下发光没有？

生：发光了.

师：那说明待测电路是什么线啊？

生：火线.

师：火线是不是？那另外一头有没有发光？

生：没有.

师：那是什么线呀？

生：零线.

师：我们用氖管是否发光来判断我们的火线和零线. 这里有两种声光试电笔的使用方法（如图 12.3 PPT 图片展示）请同学们小组讨论一下这两种方式使用时是否正确呢？不正确的话会带来怎样的后果呢？马上开始.

图 12.3　PPT 展示情景图

生：（小组讨论用时 15 秒）

师：讨论出来了吗？有请我们第一小组代表.

生：如果用甲这种握法，手没有与笔尾的金属体接触的话，没有连通电路，导致氖管不发光.

师：没有连通电路氖管不发光，很关键是吧？那乙方案呢？

生：用乙方案的话，手没有和笔尾金属体接触而接触的是下面，人体受到的电压就大于人体所能承受的最大电压，可能出现生命危险.

师：可能出现危险是吧？非常好，我们应该掌声鼓励一下. 有理有据，尤其是乙这种方案尤其注意，非常危险.（PPT“危险”字样警示）所以我们在使用声光试电笔时，尤其注意，严禁用手直接接触笔尖金属体，明白了吗？好，随着技术的发展，实际上我们的声光试电笔已经不断地革新，出现了各种各样的声光试电笔，刚才我们用到的就是最新的声光试电笔，现在会用声光试电笔了吗？

生：会！

师：那同学们能不能帮我判断一下刚才老师握住的这根电线是火线还是零线呢？

生：火线.

师：你认为是火线？有没有认为是零线的？我们来判断一下，究竟是火线还是零线. 我们请每一组的安全员用试电笔来检测一下，检测一下我们这根线是火线还是零线. 有请我们第二组安全员先来.

生：（使用声光试电笔检测）

师：亮了吗？没有亮. 是不是声光试电笔的原因呢？我们换一支声光试电笔再试一下. 亮了吧？

生：亮了.

师：说明我们这个声光试电笔是不是有一点问题，很好，通过这位同学检测我们发现这根线是什么线？

生：火线.

师：那老师刚才抓的是什么线？

生：火线！

师：那老师为什么还是安全的呀？现在能不能结合声光试电笔的原理，想一下这个魔术的奥秘在哪里呢？为什么老师抓的是火线还是安全的呢？你来说一下.

生：可能有个电阻……

师：可能有个电阻是不是？很好，同学们已经学会用知识去解释一些疑问了，继续，奥秘在哪里呢？请朝这里看. 老师现在断开总开关，将我们分发的底座撬开，请同学们仔细观察，里面有什么奥秘呢？好不好看？不太好看对吧. 我们把它投到我们的大屏幕上，请同学们仔细看一下，这是什么啊？

生：电阻.

师：欸，放大来看，老师在里面放了个阻值大概是 100MΩ 的电阻，明白了吧？所以虽然我摸了火线，但流过我的电流很小，在安全范围之内，对吧？不仅如此，我们知道了其中的奥秘，当我接触了火线的时候其实我本身也变成了火线，你们来试一下，看我能不能使我的声光试电笔发光. 请同学们来用声光试电笔试一下我的头、我的手发光了吗？

生：（学生用声光试电笔检测）没有.

师：没有吗？线在这里，我还没开始抓呢. 现在开始再试一下. 亮了吗？

生：亮了.

师：很好，感谢这几位勇于尝试的同学们，通过这个实验我们用物理知识揭开了其中的奥秘，但是在我们实际生活里面有没有这个大电阻啊？

生：没有.

（家庭电路学习教学实录）

师：所以在家庭电路里面，在实际生活中要记住不能用手直接去触摸任何裸露的电线，明白了吧？进户线进入我们用户之后，首先经过的是电能表，这是一种转盘式电能表，随着技术发展越来越不常见了对吧？取而代之的是这种电子式电能表，在电能表后面安装的是总开关，就是我们俗称的“闸刀”，那这个闸刀有什么作用呢？

生：（议论纷纷）

师：请朝这里看，现在我们闭合开关，亮了吧？这里是个什么呀？（指向演

示板）

生：电铃.

师：电铃，我们现在闭合开关（铃响）. 再断开（断开闸刀，灯不亮铃不响），再闭合（灯亮铃响）. 我们这个实验说明了总开关有什么作用呀？

生：控制整个电路.

师：控制整个电路的通与断. 在总开关的下方我们还接了一个这样的装置，叫做保险盒，里面装的是保险丝. 现在断开总开关，我们取下保险盒，仔细观察，里面就是我们生活中说的"保险丝"，有没有同学知道保险丝有什么作用？

生：保护电路.

师：保护电路，很好，为什么能保护电路呢？好，你来说一下.

生：当电路中出现短路或者其他的故障现象时，电流过大会引起这个保险盒中的保险丝温度过高而熔化就断开了整个电路，从而起到保护电路的作用.

师：非常好.（学生自发鼓掌）电流过大之后导致保险丝熔断从而切断电路，好，但是同学们在家里边看到过这个装置吗？

生：（摇头）没有.

师：那我们看到的是什么呢？是像这样一种装置，在这里是不是？看过吗？

生：看过.

师：就像我们教室里的空调，请同学们朝这里看（手势引导），在一些大功率用电器前面也有这个装置对不对？它叫做空气开关. 当电流过大也能够自动断开，俗称降压现象. 那我们的空气开关和我们的保险盒相比最大的优势是什么？

生：重复使用.

师：重复使用，还有呢？怎么样？这位同学你来说一下.

生：我觉得它的好处是比较小，不占地方.

师：不占地方（笑），也就是很方便是吧？实际上现在的技术发展使我们的电路、用电器一是更加安全，二是更加方便为我们的生活服务. 在我们总开关、空气开关的旁边往往还有一个装置，这个装置有时候接在插座中，它叫做漏电保护器，又叫触电保护器. 当家庭电路中发生漏电事故或者当我们触电，漏电电流达到 30mA 时，它就自动切断电路，从而起到保护电路，明白了吧？所以我们的空气开关和我们的漏电保护器就构成了家庭电路中的一道安全屏障. 在这个屏障的后面，我们就可以安装各种各样的家庭用电器了. 我们回到家一进门首先是不是先开灯，灯泡是我们典型的家庭用电器，它的位置往往是固定的，它也是固定的家庭用电器. 那灯泡工作的回路有什么特点呢？我们来分析一下，从上面开始，红色表示的是我们的火线，依次过来的是开关、灯泡、零线，也就是在家庭电路里边，我们只需要把火线、开关、用电器、零线连成什么呀？回路！（手势引导）那么闭合开关，用电器是不是就工作啦？那我们想不想先让这个灯泡亮起来呀？

生：想！

师：在我们实际家庭电路里边，除了我的灯泡之外，电铃也属于固定用电器，那接下来，我们就用导线让它们联络联络，让灯泡正常发光，让电铃正常工作，我们知道家庭电压比较高，是不是？连入电路时请一定要注意以下几个事项，我们一起来读一下.

生：连接电路时断开总开关；连线处用螺丝刀拧紧；严禁将两根电线不经过用电器直接接在一起；实验完成后交安全员和老师检查电路.

师：明白了吧？我们最安全、最好的小组将获得展示的机会，同时将获得一支声光试电笔作为奖励，好不好？

生：好！

师：马上动起手来，将我们的电路连接起来.

生：（小组合作操作连接电路，约 5 分钟）

师：（板书及指导）完成的小组请举手，有请两个小组的同学进行展示. 我们有四组完成了实验，请没有完成实验的小组停下来，我们来看这四组实验能否成功呢？我们来看.（把四个电路连入了家庭电路）现在我们请这四组的安全员再次检查一下回路是否已经安全无误. 好，到前面来看一下.

生：（安全员上去再次检查）

师：不要用手去摸，远观，没问题是吧？一定要注意安全，请回到座位. 我们来看一下它们能否实现成功将灯泡点亮呢？请朝这儿看，现在我们给四个电路板逐次通上电，通好电之后闭合所有的开关（如图 12.4 所示，闭合所有电路板的开关）现在就是见证你们奇迹的时候啦，第三组成功了吗？

图 12.4　老师实验演示情景图

生：（掌声）成功了.

师：我们看下电铃能否响起来.（铃响）

生：（掌声不绝）

师：第一组？没亮是吧？总开关要闭合.（还是没亮）

生：（唏嘘声）

师：电铃响不响呢？（也不响）我们来看一下后面的电路接通没有，哦，后面的线路在这里，我把它接紧.

生：（笑）

师：连接电路时一定要注意……电灯怎么样了？亮了是吧？电铃？（灯亮铃响）

生：（掌声）

师：第二组？闭合开关（灯亮）成功了吧？（铃响）

生：成功了.

师：第六组？成功了吧？（灯亮铃响）很好，我们这四组都成功地把灯泡点亮，我们看一下这四组连接的方式上有什么共同点？从火线、开关、灯泡……依次过来是不是都是一样的？也就是开关接在我们的火线和用电器之间，是不是？那请朝这里看，老师这里也有个电路板，你们看一下这个电路板开关接的位置和我们刚才是不是一样的呢？

生：不一样.

师：哪里不一样？

生：开关……用电器……

师：开关接的是零线和……接反了是不是？那我们发现这一组能否使灯泡亮起来呢？

（把灯泡拧紧、接入家庭电路）

我们将电路板插在电路上，好，再闭合我们的总开关（灯亮铃响）亮了吗？

生：亮了！

师：欸，这一组也能使电灯泡亮起来，另外一组也可以？它们都符合安全要求吗？都能亮起来是不是？但是都安全吗？

生：（安静思考）不一定.

师：为什么不一定？我们知道在家庭电路里面经常需要维修灯泡，灯泡坏了我们需要更换灯泡，断开开关是吧？断开开关的时候，灯座这个地方依然和什么线相连？

生：火线.

师：而另外几组如果开关断开，灯座的地方与什么地方相连？

生：零线.

师：所以哪一组更安全一些？

生：右边四组.

师：是不是右边四组？所以我们开关应安在哪里？火线与用电器之间. 这就

是接线的一个安全要求. 要求开关连接在火线和用电器之间，明白了吗？好，这就是我们家庭电路里的一个安全要求. 这是我们的固定用电器，而我们生活中大部分用电器是可移动的，通过什么呀？和我们的插座相连，同学们朝这里看，这里有一个移动式的台灯，我们使用时很方便，生活中我们只需要把它接入电路中（把灯泡插入插座），闭合开关，亮了吗？

生：亮了.

（两孔、三孔插座学习教学实录）

师：欸，这就属于移动式的用电器，而移动式用电器与我们生活中的插座相连. 常用插座有这两种，两孔、三孔，那么它们还有什么区别吗？能否用我们的声光试电笔判断下插座中所连的电线有什么不同点？也就是我们每个孔里面究竟连的是火线还是零线？请同学们看，老师这里有一个两孔插座和一个三孔插座，我想请一个同学判断下是火线还是零线，好不好？

生：好！

师：哪位同学来试一下.

生：（踊跃举手）

师：有请我们第二组的这位男生站起来，用声光试电笔测一下，便于同学们帮我判断一下. 好，两孔的试一下，看到了吗？你稍微侧过来让那边的同学看一下？看到了吗？再看一下三孔的.

生：（操作）

师：那你来总结一下，根据你的判断结果联系实际情况说一下好不好？

生：这个二孔插座我觉得左边应该是零线，右边是火线，而三孔这个我觉得右边下面这个孔应该是火线，左边这个孔应该是零线，上面那个孔别有一些用处.

师：上面那个孔别有一些用处，是吧？但是目前还不知道对不对，很好. 我们总是在探索的过程中发现一些新的问题. 我们两孔插座左边接零线、右边接火线，所以“左零右火”，三孔插座上面那个孔啊，用处非常大，它是接地线. 左边接零右边接火，为什么要接地呢？这就有它的原因所在了，我们的三孔插座与我们生活中的三相插头是配套使用的，那我们回想一下我们家里哪些用电器是用三相插头的呢？

生：空调、冰箱、电视机.

师：电视机是不是？电视机是两孔的.

生：洗衣机.

师：洗衣机是不是？在我们生活中的一些大功率用电器，还有一些带有金属外壳的用电器，以及在厨房、卫生间等潮湿环境的用电器一般都是这种三相插头. 三相插头在上面这个是与外壳相连，与我们插座的“1”（指向 PPT）接触，“1”与地线相连，主要起到一个安全保护电路. 比如说我们的电冰箱，如果不接地，那电流就经过火线过来，但外面绝缘层损坏的时候，就会经过我们的人体流回大地，从而发生了触电危险是不是？如果我们接通地线之后，我们来看一下这个电流怎么流呢?从火线过来，接了地对吧？直接流入哪里了？

生：地面.

师：欸，流回地面去了，这种情况还经不经过用电器？

生：不经过.

师：欸，这种情况接地相当于把人体短路了，所以起保护作用. 这就是三相插头的优势，那么同学们将工具箱里的三相插头取出来，看到插头了吗？把它取出来. 我们仔细观察下这个三相插头的结构长度有什么不同. 有没有同学来说一下？

生：接地线比其他两个要长一些.

师：接地线要长一些，那你能不能尝试着分析一下为什么接地线会长一些？回想插头使用的过程来想一下. 我们在使用插头的过程中，接地线长一点会怎么样？

生：嗯……

师：有些同学已经想到了是吧？请坐，请那边的同学来说一下.

生：我们在使用插头时是这样竖直方向插进插座的（演示），而接地线比其他两个线长一些，插座先于地线接触，其他两个后接入，先起到保护作用再通电.

师：先起到保护作用是不是？同学们想一下是不是这样的道理，实际上除了我们在使用插头的过程中要保护，还有，当我们不用用电器时是不是需要取出来？哪根线最后脱离呀？

生：接地线.

师：所以它的用处是，保证我们的用电器外壳使用时首先与地线接触，拔开它时最后怎么样？与地线脱离. 明白了吗？好，那今天这节课我们学习到了火线、零线，空气开关和漏电保护器是家庭电路中的保护屏障，还有用电器. 它们共同构成了我们的家庭电路.（板书）那么这一节课，我们还收获了哪些内容？

生：如何在家庭电路中注意安全.

师：安全意识. 我们还收获了哪些？

生：如何使用声光试电笔.

师：很好，我们这一节课里面学到这么多内容是不是？那么，学得如何？我们来当堂检测一下. 这是一幅家庭电路图，请同学们快速看一下进行抢答，我点到哪个部位，你们来说一下名称好不好？

生：好.

师：开始. “3”.

生：总开关.

师：总开关，闸刀是吧？“4”.

生：保险盒、保险丝.

师："2".

生：电源电压.

师："1".

生：进户线.

师：再来，"6".

生：开关.

师："7".

生：灯泡.

师："5".

生：插座.

师：非常好，我们通过这节课知道了家庭电路的组成，同时我们还通过物理知识解决了疑问. 老师最后送一副对联给大家，"电学规律解疑惑，安全用电继新篇"让我们的生活因物理而美丽，好不好？

生：好.

师：家里有插座吗？

生：有.

师：那你家里插座接线符合规范要求吗？

生：不知道.

师：不知道是吧？在家长指导下如果不符合提出整改建议. 见过这种插板吗？（PPT 图示）

生：见过.

师：又有开关又有指示灯，它们各自的作用又是什么呢？它们之间是怎么连接的呢？请写出你的研究思考成果，好不好？

生：好.

师：今天这节课我们就到这里.

12.2　初中物理规律教学案例实录评价

观点 1：李建老师的"家庭电路"教学要求适当，切合学生实际，紧密联系生活，每个知识点都离不开学生的动手操作，激发学生的多感官来学习，使知识之间的关系能够融会贯通.

观点 2：从这堂课可以看出李建老师对教材内容了如指掌，明确教材中知识的来龙去脉，把它们梳理整合成一条完整的逻辑线："手摸电线却没有触电引发学生思考开启本课学习——声光试电笔的结构及使用——家庭电路的构成的作用——插座、插头的连接和使用”，让学生在动手动脑中思考问题、解决问题.

观点 3：从李老师的课堂教学语言上可以发现十分精确简练，语言有恰当的抑扬顿挫，情绪饱满，对学生的回答都有明确且激励的评价，结合有感染力的微笑和同学们由衷的赞美和掌声很好地调动了课堂氛围，提高了学生的专注度进而提高了课堂效率.

观点 4：李老师教学方法灵活多样，坚持启发式教学，把小组合作落到了实处，整堂课充满了“师生互动”“生生互动”，他专注且有温度的目光感染着同学们，恰当适宜的手势眼神引领着同学们，课堂节奏紧而不乱，同学们的思维“在线”，这离不开李老师优秀的课堂应变和调控能力.

观点 5：现代化教学手段和教具使用娴熟，特别的电路板的制作清晰直观，实用度大. 多媒体、板书、实验操作……转换自然，教态自然，走动恰当.

观点 6：时间安排合理，给予学生时间充分，体现了学生的主体地位. 课堂导入设置了层层疑点，比如“老师手拿电线却没触电”——“是电线里没有电流吗？”——“声光试电笔接触身体各处都发光”——“确实带电但却没有触电的反应，这是为什么？”让学生们充满疑惑，激发求知欲来开展新课教学. 本节课知识点不难但较多较杂，所以用家庭电路的图片进行课堂小结，结构完整且把握了重要知识点.

12.3 高中物理规律教学案例实录

1. 课题

电磁感应现象及应用——探究感应电流的产生条件.

2. 使用教材

普通高中教科书物理必修第三册第十三章第 3 节，人民教育出版社.

3. 执教教师及所在学校

黄维，西南大学附属中学.

4. 课堂教学实录

师：上课！

生：起立！

师：同学们好！

生：老师好！

师：上课之前，老师给大家表演一个小魔术. 这里有 6 个相同的纸杯，都是空的（依次展示）这里还有一个小玩具（拿起展示）.

师：现在老师想要请一位同学上来协助老师完成这个魔术. 为了避免有同学说老师请了一位托，所以老师把手中这个玩偶扔下去，谁抢到了谁就上来.

生：（笑）

师：好，我扔下去了.

生：（纷纷避让，最后一位同学捡到玩偶，同学们大笑）

师：请捡到玩偶的同学上来. 好，你现在协助老师完成这样一个事情，你将这个小玩具藏在任意的一个杯子当中，不要让我看到. 下面的同学也可以闭上眼睛，他藏好之后你们也可以来猜一猜，他藏在哪个杯子当中，好不好？

生：（议论纷纷）

师：（转过身去）藏好了叫我.

生：（将玩具藏在杯中，并且将杯子顺序打乱）

师：（转过身来）好，同学们你们猜一猜他藏在哪个杯子里？（学生说出答案）老师并没有看到他放在哪个杯子里，但是老师昨天自制了一个“测谎仪”（展示“测谎仪”）. 现在我们就用这个测谎仪来找一找这个藏有玩具的杯子.

师：现在我将这个测谎仪的一根导线，连到这位同学的手上.（将导线递到学生手上）请捏住.（下面学生大笑）. 我用“探头”去寻找装有玩具的杯子. 如果找到了，这位同学肯定会因为紧张，心跳发生变化，从而导致指针发生偏转，让我们一起来看一下.

师：第一个杯子，有没有偏转？

生：没有.

师：第二个呢？

生：也没有偏转.

师：第三个呢？

生：偏转了！

师：（对讲台上的同学）你是不是有点紧张？

生：（大笑）

师：我们现在来揭秘.（揭开杯子，惊讶）果然在这个杯子下面！好，谢谢这位同学.

师：老师并没有揭开杯子，但是却能够准确找到这个玩具的位置，这是怎么一回事呢？大家想不想知道？

生：想！

师：那么带着这个问题，进入今天内容的学习，探究感应电流的产生条件. 请大家将你们的书翻到第 5 页. 好，其实这个问题，在几百年前就有科学家思考过了. 1820 年，奥斯特发现了电流的磁效应，引发了科学界的广泛关注，法拉第就是其中一员. 法拉第认为，既然电能够生磁，反过来，磁也应该能够产生电. 今天，我们沿着法拉第的脚印来探究利用磁如何生电.

师：咱们初中学过这样一个实验，闭合电路部分导体做切割磁感线运动，我们发现，电路中会产生什么？

生：电流.

师：这个实验装置我们来看一下. 左边两块平行放置的磁铁之间产生的是……？

生：匀强磁场.

师：右边导体棒与灵敏电流计连成了一个闭合的回路. 那么回路的面积是不是就是这一块？（在图中比画）

生：对.

师：那么今天老师也来给大家演示一下，初中讲过的这个实验. 由于这个实验中产生的是感应电流，一般比较微弱，所以现象就不是很明显，因此老师需要一位同学帮助老师投一下屏.

师：先介绍一下实验装置.（举起蹄形磁铁）这是一个蹄形磁铁，中间的磁场可以近似看作一个匀强磁场！而这里导体棒和灵敏电流计连成了一个闭合回路，现在我让导体棒在磁场中运动.

师：现在大家仔细观察一下，导体棒是怎样运动的，以及指针是怎样偏转的，并将你们观察到的现象，记录在你们的学案上. 大家准备好了没有？

生：好了.

师：现在我让导体棒左右运动（让导体棒做切割磁感线运动），大家观察一下，指针怎么样？

生：动了.

师：发生了偏转对吧. 将你们观察到的现象记录到表格中.（学生记录）刚刚我们将导体棒左右运动，观察到指针发生了偏转，现在我让导体棒上下平动（让导体棒平行磁感线运动），大家观察到了什么？

生：指针没有发生偏转.

师：通过这个实验，我们发现，导体棒在磁场中左右运动的时候，指针发生摆动. 指针发生摆动说明电路中产生了……？

生：电流.

师：接着导体棒在磁场中上下平动，发现指针怎么样？

生：没有动.

师：说明没有产生感应电流.

师：于是我们得到实验结论：导体棒在磁场中左右运动的时候，指针发生摆

动，有电流产生；导体棒在磁场中上下运动的时候，指针不发生摆动，没有电流产生.（如图 12.5 所示）

图 12.5　实验现象与结论

师：大家想一下，为什么会这样呢？导体棒左右运动时，实际上是在……？（同时在 PPT 上比画切割动作）

生：切割磁感线.

师：对，在切割磁感线，因此产生了感应电流. 而上下平动没有切割磁感线，所以就没有产生感应电流.

师：那么刚刚这个实验中，我们是保证磁场不动，让导体棒运动，切割磁感线. 那大家想一下，如果导体棒不动，我移动磁场，让磁感线去割导体，能不能产生感应电流？

生：应该也是可以的.

师：那我们再来看一下. 现在我保持导体棒不动，（将导体棒拿在手上，拿起磁铁），让磁感线去切割导体棒，大家注意观察指针是否偏转.（进行实验）偏转了没有？

生：偏转了.

师：那我们就发现，在这两个实验中，不管是导体棒运动，还是磁场运动，都能够……？

生：产生感应电流.

师：因此我们就不难得到这样一个结论：无论是导体运动，还是磁场运动，只要闭合电路部分导体切割了磁感线，电路中就有电流产生. 那我们是不是就得到了感应电流的产生条件呢？

生：（不确定）是.

师：（再次发问）是吗？根据科学探究的一般规律，不要急于下结论，我们应该多思考思考. 大家想，导体切割磁感线，虽然我们观察到产生了感应电流，但是它是产生感应电流的唯一方法吗？只有这样做才能产生感应电流吗？我们不由得会这样思考. 其实当年法拉第也产生了这样的疑问.

师：刚刚我们两个实验中，要么导体棒动，要么磁场动，也就是导体和磁场发生了相对运动. 那大家想，如果导体和磁场都不动，电路中还能产生感应电流吗？

生：（沉默不语）

师：同学们都不知道，就让我们带着这个思考，重温一下法拉第当年做过的实验. 他设计这样一个实验，不切割磁感线，也能够产生感应电流. 他用到的实验器材有这样一些.（PPT 展示实验器材：电源、开关、灵敏电流计、滑动变阻器、大线圈、小线圈、导线）

师：法拉第要利用这些器械进行磁生电实验，大家看看这些器材中有没有能产生磁场的器材？有没有磁体？

生：没有.

师：那大家想一下，他是利用什么来产生磁场？

生：通电线圈.

师：同学们很聪明哈，我们前面学过，除了磁体周围存在磁场之外，还有什么可以产生磁场？

生：通电导线（螺线管）.

师：对. 在这个实验中，法拉第让小线圈充当通电导线，所以我们在连接电路图的时候，是不是应该先连接一个能够产生电流的回路？让小线圈产生磁场. 因此法拉第设计了这样一个电路图（PPT 展示）. 他将小线圈、滑动变阻器、电源、开关先用导线连接成一个可以产生电流的闭合回路. 这个回路中有电流了，小线圈周围就能产生……？

生：磁场.

师：把小线圈放在大线圈里面，大线圈通过导线与灵敏电流计连成一个闭合的回路，再观察通过什么操作能让回路中产生感应电流.

师：大家的桌面上就有这样一些器材，请你们前后桌，四人为一组，重温一下法拉第的实验. 实验时注意几个步骤. 第一步，按照实验电路图连接电路. 第二步，注意观察开关闭合瞬间和开关断开瞬间指针是否摆动. 第三步，观察当开关保持闭合状态时，迅速移动滑片，以及不移动滑片，指针是否摆动.

师：实验前，老师有三个温馨提示. 一、大家不要将小线圈中的铁芯拔出；二、灵敏电流计上有三个接线柱，请大家接左边两个接线柱；三、实验中的滑动变阻器起什么作用？

生：保护电路.

师：对，但是我们知道感应电流是比较微弱的，所以在实验的时候，可以把滑动变阻器的滑片移动到阻值相对较小处，使实验现象更加明显. 请大家在实验之后，把你们观察到的现象，记录在表格中. 现在开始实验.

生：（进行实验 8 分钟）

师：好，大家基本上已经完成了实验，并得到了实验结果. 接下来请一位小组成员汇报一下你们组完成的情况.

生：（举手）

师：好，就你了.

师：你给大家汇报一下你们小组的实验现象. 第一个，当开关闭合瞬间，你们观察到了什么现象？

生：指针摆动.

师：第二个，当开关断开瞬间呢？

生：指针还是会摆动.

师：第三个，保持开关闭合，迅速滑动滑片？

生：指针摆动.

师：最后一个呢？

生：没有发生摆动.

师：（鼓励的表情）这位同学说得非常好，大家给他一点掌声.

生：（鼓掌）

师：那么我们通过实验发现，虽然大线圈和小线圈之间没有发生相对运动，也就是说，没有导体切割磁感线，电路中依然产生了什么？

生：感应电流.

师：对. 那我们来看一下我们的实验结果，开关闭合、断开以及移动滑片的时候，都产生了感应电流. 大家想，开关闭合、断开，或者迅速滑动滑片，是在改变电路中的什么？

生：电流大小.

师：电路中的电流变了，那么小线圈周围的磁感应强度就……？

生：发生变化.

师：小线圈是放在大线圈中的，所以大线圈所在回路中的磁感应强度也会发生变化. 发现大线圈所在回路磁感应强度发生变化，该回路就产生了感应电流.

师：那我们来回顾一下这两个实验. 第一个实验，我们用导体棒切割磁感线. 大家想一下，实质上是在改变什么？磁感应强度变了吗？

生：没有.

师：是匀强磁场对不对. 那在移动导体棒的过程当中，什么变了？

生：回路位置.

师：我们之前讲过，这是闭合回路的面积.（在 PPT 上比画）那么这个闭合回

路有一部分在磁场中. 导体棒往右移或者往左移，实际上在改变什么？（继续引导）

生：面积.

师：是不是在改变闭合回路在磁场中的面积？

生：对.

师：那么第二个实验，回路变不变？

生：没有.

师：那我们刚刚通过分析，不论是闭合、断开开关，还是移动滑片，都是改变了回路中的电流，进而改变了什么？

生：磁感应强度.

师：那么这两个实验我们发现，都产生了感应电流. 那也就是说，感应电流的产生，与回路在磁场中的面积，以及线圈中的磁感应强度这两个因素都有关系.

师：那么大家想一下，我们前面有没有学过一个物理量，可以概括回路面积 S 和磁感应强度 B 两方面因素的影响？

生：磁通量.

师：磁通量对不对？（板书）磁通量 $\Phi=BS$. 因此我们发现，这两个实验本质上是改变了什么？

生：磁通量.

师：因此我们就不难得出感应电流的产生条件：只要穿过闭合电路的磁通量发生变化，闭合电路中就有感应电流产生. 大家记下来.

师：刚刚我们是通过重温法拉第的实验，得到了产生感应电流的条件. 那么既然我们得到了这个结论，请大家利用桌面上已有器材，重新设计一个实验，让电路中产生感应电流. 之前有个小磁铁没有用上，现在你们就可以使用了. 看看通过一些什么样的操作，可以让回路中产生感应电流. 大家可以开始实验了.

生：（进行实验 3 分钟）

师：我看大家基本上都想到办法了，现在请一位同学来展示一下你们小组的实验方案. 来，请这位同学上来给大家展示一下.

生：（拿着实验器材上台，动手连接电路图，边连接边讲解）先将大线圈与灵敏电流计连成闭合回路，然后将小磁铁快速放入大线圈中，或者快速拔出，都能看到指针发生了偏转，说明产生了感应电流.

师：磁铁换一个磁极可不可以？

生：可以. （异口同声）

师：如果将磁铁放在里面不动，能产生感应电流吗？

生：不可以. （异口同声）

师：好，谢谢这位同学. 刚刚我去下面看了一下，大家几乎都是这种方法，用大线圈和灵敏电流计连成闭合回路，磁铁放进去、拿出来的瞬间，都产生了感应电流. 放下去的瞬间和拿出来的瞬间，实际上是改变了什么？

生：磁通量.

师：对，（转身指向黑板）回路面积没有变，但是磁感应强度发生了变化，本质上是磁通量发生了变化. 大家都做得很好，能够学以致用.

师：那么老师这里也准备了这样一个实验.（搬上实验器材）给大家带来了一个亥姆霍兹线圈，（学生惊叹）是用来产生匀强磁场的. 通电之后，两个平行线圈中间区域可以近似看作一个匀强磁场. 这里有一个演示用的灵敏电流计（学生继续惊叹），以及一个线圈，我想用这些装置来产生感应电流. 同学们来观察一下，通过哪些操作可以产生感应电流.

师：我把线圈放进磁场中，大家想想会不会产生感应电流？

生：会吧.（略有疑惑）

师：（如图 12.6 所示，把线圈快速放进匀强磁场，再拿出来）指针动了吗？

图 12.6　实验演示

生：动了动了.

师：这个过程中线圈面积没有变，但是磁感应强度变了，本质是磁通量变了对吧. 所以产生了感应电流.

师：前面我们说切割磁感线能产生感应电流，那切割磁感线一定能产生感应电流吗，我们来试一试.（将线圈完全放在磁场内部切割）发现指针怎么样？

生：没有动.

师：虽然我们也在切割磁感线，但是却没有产生感应电流，为什么？中间区域是匀强磁场，回路的面积也没有变，所以磁通量……？

生：不变.

师：因此肯定不会产生感应电流.

师：现在我依然放在中间区域，我想让它产生感应电流，我可以怎么做？

生：（小声）转一下.

师：有同学说可以转一下. 好我们现在转动一下线圈，指针动了没有？

生：动了.

师：动了对不对？转一下的本质也是在改变什么？

生：磁通量.

师：那我们更极端一点，改变面积可以改变磁通量，现在我直接把线圈捏扁，是不是面积变化更大，磁通量变化更明显，大家仔细观察，捏扁的瞬间，指针会不会发生偏转.（捏扁线圈,指针明显偏转）动了没？

生：动了.（大声）

师：那么通过老师的实验，我们不仅知道运用什么方法可以产生感应电流，也进一步论证了产生感应电流的条件确实是什么的改变？

生：磁通量的改变.

师：好，回到本节课开头，咱们是不是表演了一个魔术？这个魔术的原理是什么呢？有没有同学有想法？给大家一点提示，我这个“测谎仪”的“探头”本质上是一个什么？（展示“探头”）

生：线圈.

师：而这个藏起来的小玩具，底部粘了一块磁铁. 这个是不是“测谎仪”？（撕掉灵敏电流计上“测谎仪”的标签），撕开之后，本质上是一个灵敏电流计. 根据这三个提示，能否对魔术进行揭秘？谁愿意主动回答一下？我可以把这个玩具送给他.（学生举手）

生：这个魔术的本质是通过线圈在磁铁旁边切割磁感线运动，改变回路磁通量，引起灵敏电流计指针的变化.

师：非常好，大家给他一点掌声.

生：（鼓掌）

师：老师将线圈放在磁铁周围运动，穿过线圈的磁通量发生了改变，而线圈和灵敏电流计连成了一个闭合回路，那么回路中就会产生感应电流，因此指针发生了偏转. 所以之前这根导线连在这位同学手里，这根导线有什么用？

生：没有用.

师：对，没有用，骗大家的. 掌握了这些特点，大家也可以自己设计一些小魔术. 最后我们来看一下，我们知道生活中，吉他是一种比较经典的伴奏乐器. 吉他主要分两种，左边这种叫木吉他，右边这种叫电吉他. 木吉他和电吉他有什么区别呢？今天老师带来了一把电吉他.

生：（惊叹，鼓掌）

师：老师也给大家准备了一小段弹唱. 大家在听的时候也可以想一想，电吉他和木吉他有什么不一样. 电吉他不插电的时候，是没有声音的（用手指拨弦）. 现在我们把电插上，轻轻一拨，声音就很大. 给大家弹唱一小段.（弹唱）

师：我们发现，电吉他不插电，没有声音，插上电之后，声音通过音响扩出来，大家都能听到. 这就要从电吉他的原理上去分析了. 电吉他的琴弦是被磁化过的，当弦振动的时候，线圈中就会产生感应电流，感应电流输送到放大器或喇叭，从而把声音播放出来. 大家课后可以查阅资料，研究一下电吉他的内部结构，思考电吉他是如何产生感应电流的，琴弦能否改用尼龙材料.

师：今天的课就上到这里，谢谢大家！

12.4　高中物理规律教学案例实录评价

观点 1：教学设计思路清晰. 从测谎仪寻找玩具的游戏引出学生分组实验探究，通过分析论证、研讨共性得出结论，应用结论解决实际问题.

观点 2：课堂物理味浓厚. 整节课 2 个学生分组实验和 3 个演示实验有机结合.

（1）2 个分组实验培养了学生观察分析、合作及推理能力，提高了学生实验操作能力，通过展示培养了学生的沟通交流能力.

（2）演示实验有特色，第 1 个导入实验激发学生求知欲，帮助学生建构起电与磁的关系；第 2 个演示实验通过两个阶段使学生产生认知冲突，帮助学生消除前概念误区建构起正确的电磁感应概念.

观点 3：巧妙突破重难点. 用 2 个分组实验和 3 个演示实验巧妙地帮助学生认识 B 和 S 对磁通量变化的影响，深入理解感应电流产生的条件.

观点 4：师生关系融洽. 学生参与积极，充分体现“双主共学”理念. 课堂的探究实验、小组合作学习、成果交流展示等，老师都给了学生思考、动手的时间和空间.

观点 5：教师基本功扎实，教学有特色. 语言规范、表达流畅，课堂气氛融洽，师生深度互动. 几个用心制作的演示实验体现了教师实验教学的特色，值得学习和借鉴.

观点 6：值得探讨的问题.

（1）分组实验时，部分同学只看不动手，建议教师加强学生任务分工的设计与分配.

（2）建议提供更丰富的物理联系生活的图片、视频等素材，让学生从生活中感悟物理知识.

第 13 章　中学物理习题教学案例实录与评价

13.1　初中物理习题教学案例实录

1. 课题

电功率.

2. 使用教材

初中九年级物理全一册第十八章第 2 节，人民教育出版社.

3. 执教教师及所在学校

王英慧，沈阳市第六十三中学.

4. 课堂教学实录

（课堂导入实录）

师：同学们，我们已经学习完电功率这一章的内容，今天一起来复习. 首先一位神秘嘉宾为我们带来了一段话（播放音频），这是谁呀？

生：赵云飞.（兴奋）

师：今天我们一起围绕课代表介绍的灯泡展开电功率章节复习，由同学们进行习题编写与解答，分数最高的小组有小礼物.（语气上扬）

（第一阶段编题课堂实录）

师：爱迪生发明了灯泡（指向 PPT），大家知道灯泡铭牌上的符号和字母含义吗？

生：知道、不知道.

师：PZ 的含义是什么？

生：型号.

师：可以这么说，PZ 是普通照明的缩写，代表普通照明用的灯泡. 那么 220V 的意思是……？（指向 PPT）

生：额定电压.

师：那么 100W 的意思是……？

生：额定功率.

师：对，额定功率，这都是我们学习过的知识. 那么现在进入第一关牛刀小试，（拨动 PPT）你根据铭牌上的信息 220V 和 100W，能不能设计出一道物理习题呢？（语气上扬）时间两分钟.

生：（设计习题）

师：（小组间查看）（黑板板书：电功率复习课，标明小组编号）

师：哪名同学想来展示下呢？举手.（举手动作）

生：（举手）

师：来，我们看一下赵云飞的.（投影展示）

师：来看课代表出的这道题，我们等一下.

生：（笑）

师：这么开心吗？他这个题肯定是太高难度了，才一直没出来. 能不能看清？给大家读一下，当小灯泡两端电压为 100……？

生：110V.

师：电压为 110V 时，小灯泡电功率为多少，括号小灯泡灯丝电阻不变，大家看他这道题有没有跑题？刚才我给大家的要求是什么，根据……？

生：铭牌上的信息.

师：有没有让添加信息呢？

生：没有.

师：还没有到添加信息这一步呢，我们课代表是走在前沿的人，来，（语气上扬）有没有稍微简单点的习题？

生：（举手）

师：来，我们 3 组非常积极.（投影展示）看下陈刚同学问的当小灯泡正常发光时，小灯泡的额定电流是多少？这道题有没有跑题？

生：没有.

师：那会不会算这道题？

生：会.

师：怎么算呢？（板书：画大灯泡，见图 13.1）这节课围绕小灯泡展开，所以我画了一个大点的灯泡，已知额定电压 220V，已知额定功率是多少？

生：100W.

师：陈刚同学现在想算额定电流，$I_{额}$应该等于？

生：$P_{额}$比上 $U_{额}$.

师：如果是我们这道题里，答案是多少呢？

生：2.2 .

师：嗯？（疑问语气）谁除以谁？

生：100W 除以 220V.

师：对，应该是零点几.（板书：3 组+2）还没有其他问题？（举手动作）通过额定电压和额定功率除了能求额定电流以外还能求什么呢？有没有其他习题的设计？

图 13.1　老师演算情境图

生：（思考）

师：想一下之前所学电功率的相关公式.

生：电阻（小声）.

师：非常好，电阻. 有没有同学设计的是这道习题？（举手动作）

生：（举手）

师：来，张海毅的看一下.（拿起纸，走到展示台）

师：刚才陈刚同学有强调小灯泡正常发光时，其实如果问正常发光，可以直接问小灯泡的电流为多少，强调正常发光时，电流就是额定电流. 或者可以直接问小灯泡的额定电流为多少. 用不用既强调正常发光又强调额定电流？

生：不用.

师：来看下张海毅的（投影展示），小灯泡正常工作时，两端电阻为多少？他想求电阻这个说法有没有问题？（举手动作）

生：（起立）未强调灯丝电阻不变.

师：请坐. 他前面有没有强调正常工作时？

生：说了.

师：现在要求正常工作时的电阻，所以就是在额定情况下的电阻，用不用强调灯丝电阻不变？

生：不用.（摇头）

师：那他的说法哪里有问题？

生：两端.（小声）

师：非常好，哪里有问题？

生：两端.

师：我们什么时候强调两端？

生：电压.

师：电压叫两端电压，问电阻直接可以说是小灯泡的电阻为多少. 怎么算电阻呢？（拿起粉笔）张海毅你出的问题，怎么算电阻？

生：（起立）U^2 比 P.

师：（板书：$R=U^2/P$）

师：刚才出题过程中有同学说电压问题，正不正常工作问题，那现在除了正常工作以外我们来看一下，（拨动 PPT）除了额定电压、额定功率外，可以填设其他已知量，数据自己来定，可以设计出哪些习题，给五分钟时间，每个小组越多越好.

（第二阶段编题课堂实录）

生：（设计习题）（有疑问）

师：现在是否还强调电压一定是 220V？电功率一定是 100W？不强调，这些都可以改，像课代表刚才想求 110V 电压下小灯泡的电功率现在就可以. 也可以加一些其他已知量. 电功率这一章已经学习完了，电能、电功、电热，想求的所有都可以写.

生：（设计习题）

师：（小组间查看）越多越好，但是现在前提只有这一个小灯泡.

生：（思考）

师：可以加其他已知量，比如时间，也可以对电压进行改变，但是现在只给了一个小灯泡. 组内可以交流.

生：两个小灯泡不可以吗?

师：可以，一会儿加，现在只有一个小灯泡可以求哪些物理量？

生：加定值电阻可以吗？

师：还没到加定值电阻的时候，先用一个小灯泡，研究明白，往后想加什么我们再加.（小组间查看）

师：同学们现在写得都差不多了，哪个组想展示一下？（举手动作）

生：（起立）

师：（投影展示）小灯泡正常发光，说明什么？

生：亮了.（笑）

师：亮了，就是正常工作一小时后，求所产生的热量，这个问题能不能求？同学们？

生：能.

师：能求的问题列出来，（板书：2 组+1，习题 1）还有没有其他问题？（举手动作）

生：（起立）

师：（投影展示）小灯泡正常工作时一分钟内消耗多少电能，能不能求？

生：能求.

师：一会儿试着求一下，还有小灯泡正常工作时一小时做了多少功？能不能求？

生：能求.

师：那电能和这个电功什么关系？

生：相等.

师：那是不是可以把这两个问题合并成一个问题？想要一分钟的还是想要一小时的？

生：一分钟、一小时.

师：都做.（板书：习题 2. 5 组+2）一个是一分钟，还有一个是一小时. 我们的说法一种是用电器消耗的电能，还有另外一种说法是什么？同学们？

生：电功.

师：电流做的功，写下面了，电功. 还有没有其他可以求的问题，有没有？不一样的.

生：（举手）

师：他的问题是当小灯泡的电功率为 500W 时，小灯泡的两端的电压为多少？括号小灯泡电阻不变. 这个问题大家看有没有难一些？有没有很适合课代表的风格？

生：（笑）

师：这道题可不可以求？

生：可以.

师：可以，那我们一会儿写下来. 下一个问题他说当通过小灯泡的电流为 1A 时，求这个小灯泡的实际电功率，能不能求？

生：能.（肯定）

师：这两个问题都可以，我们一会儿都写在那边.（指向黑板另一侧）然后后面这道题，当小灯泡正常发光时，10s 内电流做的功，这就与前面问题重了. 最后一个问题，小灯泡正常发光时，一分钟内放出的热量是多少？这个前面是不是也有了？

生：（点头）

师：也有，那我们就看看前面两个问题是什么. 实际电功率为 500W，但小灯泡额定功率是多少瓦？

生：100W.

师：额定功率是 100W，他超的是不是太多了？能不能改一下这个数？

生：50W.

师：可以，当小灯泡电功率为 50W 时，求小灯泡的电压，还有，当通过小灯泡的电流为 1A 时，大家看一下我们这边小灯泡的额定电流大概是多少？

生：零点几安.

师：1A 太大了，要不要改个数据？

生：0.5A.

师：0.5A 可以，所以说大家在命题的时候，是不是要更加严谨一些才对？所以第 1 个电功率为 50W 时求电压，第 2 个电流为 0.5A 时，求实际的功率.（板书：3 组+4，习题 3、4）非常好，给了前提是灯丝电阻不变，还有一个问题是电流为 0.5A 时，实际电功率是多少，还有没有其他条件呢？

生：没有了.

师：行，那就先这样. 还有没有其他同学问题不一样的？（举手动作）

生：（沉默）

师：没有其他问题，那我们就先来解决这些问题. 找几个同学上黑板来做一下.（举手动作）

生：（举手）

师：好，于新伟. 做哪个？

生：做第 1 个.

师：我按难度为大家区分一下分值，同学们，这 4 个问题大家说哪个最难？

生：（大部分）3、4.

师：（指向黑板）3 是 4 分，4 是 3 分，2 是 2 分，1 是 1 分. 你选哪个？（朝向同学）

生：选 4.

师：好，看能不能拿到这 3 分.（板书：3 分）

生：（上台演算，如图 13.2 所示）就给了电流这一个条件？

师：就给了电流，然后少什么条件？

图 13.2　学生上台演算情境图

生：（纠结、思考）

师：你来提问一下，（指向出题者）他出的题对不对？来，你问一下他少不少条件.

生：少不少条件？（笑）

生：（出题者）少.

师：少什么条件？

生：我想可能是电阻不变.

师：他说少个电阻不变，给他加上（板书：电阻不变）. 其他问题谁来做？（举手动作）

生：（举手）

师：你做哪个？

生：3.

师：你自己出的自己做？

生：（笑）换成 2.

师：好，来其他问题？（举手动作）

生：（起立）做 3.

师：还差一个？（举手动作）

生：（沉默）

师：明显 1 组和 4 组同学现在稍微落后.

生：（举手）做 1.

师：其他同学在纸上做，步骤要写全，在黑板上做的同学一会儿给全班同学讲这道题.（分发草纸）

生：（黑板上、座位上做题）

师：（小组间查看）一会儿谁写的由谁来讲解，然后我们其他同学帮他们找一下，他们的讲解有没有问题，有问题的话出在哪. 看一看这个小老师当得合不合格.

生：（计算有问题）

师：做完就请回. 算不开的情况下我们一般会保留……？

生：保留两位小数.

师：黑板上同学有没有需要请求外援的？

生：（奋笔疾书的计算，有的除不开）

师：这个是我们同学自己出的题，给的数据可能会除不开，如果实在除不开，那就先把那个答案写在那个地方.

生：（笑）第 1 题应该 4 分.（第 1 题的同学没除开）

师：好了，我们先从第 1 位同学开始讲，第 1 个问题是正常工作一小时，求放出的热量，你是怎么算的呢？（朝向黑板同学）

生：$Q=I^2Rt$，然后先求额定电流和电阻.

师：先求出来额定电流和电阻，（转向其他同学）他这个任务量大不大？

生：大.

师：能不能求额定电流？能求. 能不能求电阻？能求，但这么求任务量大不大？

生：大.

师：（面向黑板同学）求电流时出现什么问题？

生：除不开.

师：所以第 1 题有没有其他方法？

生：有.（座位同学抢答）

师：什么方法？

生：Pt（座位同学）

师：（朝向黑板同学）提示你了，那么能不能用 Pt？

生：能.（黑板同学）

师：为什么能用呢？

生：（黑板同学）因为它是纯电阻电路.

师：（板书：纯电阻电路 $Q=W$）所以在第 1 题算法中，先写由？注意已知量是额定功率、额定电压.

生：先写 $W=Pt$.

师：哪个是原始公式？

生：$P=W/t$ 得 $W=Pt$，然后 $Q=W$，给 1 分辛苦分.（板书：+1）

生：（笑）第 1 题就值 1 分.

师：对，就值 1 分，但第 1 题还是挺辛苦的，我们能不能用 $Q=I^2Rt$？

生：能.

师：计算过程中比较麻烦，所以我们第 1 题用的最好应该是 $Q=W=Pt$. 来第 2 题，谁做的？（举手动作）

生：（起立）因为它正常工作，所以直接就能用额定电流.

师：（笑）挡到后面同学了.

生：（来黑板前）用额定电功率，然后.

师：你在写的时候能直接写 P 吗？

生：写由 $P=W/t$ 得 $W=Pt$.

师：P 什么 t?

生：$P_{额}t$. 算出来第 1 个一分钟的.

师：代入数据的时候要写“×”.

生：然后 100W×60s 等于 6×10^3J.

师：其他同学有没有问题？有问题向老师（朝向黑板前同学）提问. 来，第二个小问.

生：再写由 $P=W/t$ 得 $W=P_{额}t$ 这时候用千瓦乘以小时好算，所以就变成 0.1kW×1h.

师：有没有不严谨的地方改一下.

生：（改动）

师：最后答案是 0.1kW·h，有没有问题？

生：没有.

师：非常好，请回.（板书：3 组+2）我们总结一下，写由 $P=W/t$ 得 $W=Pt$，这个公式里面有几套单位？

生：两套.

师：（板书：由 $P=W/t$ 得 $W=Pt$，两套公式）如果功的单位是焦耳，电功率单位就是瓦，时间就是秒. 如果你公式里功的单位是千瓦时呢？就是千瓦和小时，这个地方我们是有两套单位的，非常好. 来，第 3 个谁做的？

生：（举手来黑板前）

师：已知小灯泡电功率为 50W，求它的实际电压是多少？

生：因为灯丝电阻不变，所以先根据已知求出小灯泡的电阻，就由 $I=U/R$，$P=UI$ 就能算出小灯泡的电阻是 484Ω. 然后……

师：然后？

生：然后让求实际电压就可以用……用根据 $R=U^2/P$ 倒一下变成 $U^2=RP$，算出来等于 24200V. （板书 24200V）

师：到目前为止有没有问题？

生：有.

师：来帮忙找一下，问题在哪.

生：单位应该是 V^2.

师：非常好，前面是 U^2，后面应该是 V^2.

生：然后因为是平方，所以需要把它变成非平方的形式.

师：嗯，开根号. 根号里面是不是还差了单位？

生：V.

师：V 吗？

生：（大家一起讨论）根号里应该是 V^2.

师：嗯，直接写根号外是 V 可以. 好，有没有问题？其他同学？这个数有没有算出来的？是多少？请回.

生：没有.

师：他首先思路来说有没有问题，同学们？先求电阻，然后在已知电阻的情况下，再求出电压，有没有其他更简便的方法？有没有？

生：（沉默）

师：我们最开始电压是 220V 的时候，电功率是 100W，现在相当于电功率变成了原来的一半，然后让求现在的电压，什么是相同的呢？

生：电阻.

师：电阻是相同的，这里面要用的是哪个公式？电功率哪个公式？$P=U^2/R$，当电阻不变的情况下，电功率变成原来的一半，所以相当于 U^2 变成原来的一半，那么 U 就会变成原来的 $\sqrt{1/2}$，也就是原来的 $\sqrt{2}/2$，那么物理中是没有这样的数据的，所以问题出在哪？是你自己出题的时候数据选得有点问题，对不对？但它整个思路有没有问题？

生：没有.

师：加几分？（板书 5 组+4）来，最后一个谁做的？（举手动作）

生：（到黑板前）先读题干，给的题干是电流为 0.5A，求实际功率. 根据我们平常所学的公式是 $P=UI$，因为这里是只有小灯泡的纯电阻电路，所以由 $P=UI$，$I=U/R$ 得 P 就等于 I^2R，那么电流有了，我们就求电阻，因为小灯泡的额定电压还有额定功率都给了，再由 $P=UI$，$I=U/R$，我们就能求出来小灯泡的电阻.

师：先求什么？

生：电阻.

师：欸，先求电阻对不对？先把电阻求完之后，然后再用 $P=I^2R$ 去求实际电功率，非常好，答案对不对？其他同学看一下得到的什么答案，是一样的不？请回，来加几分？（板书：4 组+3）

（第三阶段闯关课堂实录）

师：（拨动 PPT）然后刚才出题的时候，我就发现同学们思路非常超前，那么第 3 关大家看一下，如果现在我们有两只灯泡的话，比如说一个是 PZ220-100，另一个是 PZ220-60，第 1 次是并联，在 220V 电压下，然后第 2 次是串联在 220V 的电路中，问在两种情况下分别是哪一盏灯泡更亮些？为什么？给一分钟时间小组可以讨论一下，然后找同学来回答.

生：（小组间讨论）

师：第 1 次并联，然后第 2 次串联，我们分开来问. 并联的话给一分，串联的话给两分.（分发草纸）

师：有思路了吗？第 1 个并联哪个小组？（举手动作）

生：（沉默）

师：（看向黑板得分）我们 1 组，2 组，有没有？优先来.

生：（起立）先分别求灯 L_1 和灯 L_2 的电阻.

师：然后？

生：由 $I=U/R$，$P=UI$ 可以得到 L_1 的电阻要比 L_2 的电阻小.

师：L_1 电阻比 L_2 电阻小，到这里有没有问题？

生：没有.

师：然后？

生：然后因为并联，根据公式 $P=U^2/R$，然后因为并联所以说电压都一样，就是谁的电阻小，谁的实际电功率就大，所以说并联的时候 L_1 比较亮.

师：来，其他同学有没有提出异议的？

生：（举手）它们俩并联在 220V 的电压两端，然后它们两个灯泡两端电压都是 220V，因为 L_1 的额定功率是 100W，L_2 的额定功率是 60W.

师：注意单位，瓦特.

生：嗯，然后直接就 L_1 亮了.

师：嗯，因为小灯泡亮度由……？

生：实际功率决定.

师：这个时候实际电功率就是额定功率，请坐. 来，赵宇奇这个思路没有问题，那么刚才于诗茹同学的思路有没有问题？

生：没有.

师：没有，但它成立的前提是什么？她刚刚说要先求电阻，然后求完之后再去求电功率，这个时候你成立的前提一定是什么呢？

生：灯丝电阻是不变的.

师：请坐，来加分，（板书：1 组和 5 组）来，第 2 个串联.（举手动作）

生：（踊跃举手）

师：我们给 2 组同学一个机会，姚冠宇来. 串联的时候，哪个灯泡更亮？

生：于诗茹之前说的 L_1 的电阻小于 L_2 的电阻，所以它们的串联电流一样，然后根据 $P=I^2R$，然后 I 一样，所以 R 大的它就更亮，实际功率大.

师：非常好，前提是什么？

生：灯丝电阻不变.

师：非常好，（拨动 PPT）所以我们这个里面有个前提是不考虑小灯泡灯丝电阻随温度的变化.（板书：2 组+2）我们这节课一直在围绕着爱迪生发明的灯泡，那我们生活中除了有这个灯泡，包括我们做题的时候除了有灯泡，还有没有其他东西？

生：有.

师：有，而且尤其在涉及焦耳定律求热量的时候，我们会遇到一个其他的东西叫做……？（疑问）

生：电动机.

师：所以我们看一下这节课最后一道题，我来出的这个最后一道题，在我们教室的小风扇，正常工作的时候通过的电流是 0.4A，电阻是 50Ω，通电 10min 之后，求（1）（2）以及（3）.（拨动 PPT）两分钟时间小组讨论一下.

生：（小组讨论）

师：（小组间查看）我听到我们同学说了各种各样的公式. 一个一个来，首先第 1 个电流做了多少功？（举手动作）

生：（举手）由 $I=U/R$ 得 R 等于 U/I.

师：这是用了什么？欧姆定律，我们这个题是什么？

生：啊对.（恍然大悟）

师：电动机能不能用欧姆定律？

生：不能.

师：请坐，再想一想，电动机我们当时怎么讲的？涉及这种电动机的电路，来，第 1 题.（举手动作）

生：（最快举手的）用 $W=UIt$.

师：用 $W=UIt$ 同不同意？U 是多少？

生：因为是教室，所以是 220V.

师：对 220V，然后 I 是……？

生：0.4A.

师：那时间呢？

生：10min，10×60s.

师：非常好，化成秒，然后第 1 步做完了，有没有做完给出答案的，答案是多少？

生：5.28×10^4J.

师：认同吗？

生：认同.

师：请坐.（板书：5 组+1，$W=UIt$）第 2 题电阻产生的热量是多少？

生：（起立）直接用 $Q=I^2Rt$.

师：然后分别是多少？

生：0.4A 的平方乘以 50Ω，然后乘以 10×60s 等于……

师：等于多少？（板书：$Q=I^2Rt$）

生：（计算）4.8×10^3J.

师：5 组同学计算非常快（板书：3 组、5 组+1）那么最后一个问，有多少电能转换为机械能？

生：电风扇做的功除以它发热的加上电风扇的，再乘上百分之百.

师：我们在求什么？

生：（笑）

师：有多少电能转化为机械能，你刚才求的是什么？

生：效率.

师：有同学说他求的是效率，什么效率？对外输出的机械效率，对不对？他用这个输出的机械能再除以总的消耗的电能，就是很超前对不对？我们这个题其实只让你求了上面的分……？

生：分子.

师：机械能到底是多少？

生：没算.

师：是谁减谁？

生：拿总的.

师：总的是哪个？

生：第 1 个.

师：第 1 个减去……？

生：减去电阻的发热.

师：发热是哪个？

生：第 2 个.

师：一减就是……？

生：第 3 个.

师：对，请坐，（板书：2 组+2）非常好的是更加超前地说了一个求效率的问题，然后刚才我们同学在底下出题的时候，发现有同学除了用灯泡加灯泡，还有同学在电路中加电阻，还有加什么的？

生：滑动变阻器.

师：加什么的都有，我们同学现在题见得也非常多了，给大家留一道探究题，你还可以加什么？加任意相加的元件，然后回去每个人出几道题呢？（疑问语气）

生：1 道、3 道、10 道.

师：说几道就出几道，这就是今天的作业.（转向黑板）我们看一下这节课哪个小组分最多.（计算）3 组是 9 分，5 组也是 9 分. 打平了，课下来找我，领取一个小礼物，下课.

生：（起立）

师：同学们再见.

生：老师再见.

13.2 初中物理习题教学案例实录评价

观点 1：王英慧老师的“电功率”习题课以学生围绕爱迪生发明的小灯泡设计习题为主体进行展开，充分体现学生学习主体性，整体思路逻辑清晰，根据单一小灯泡铭牌上额定电压、额定功率的信息编写习题；在单一小灯泡上添加其他已知信息编写习题；再加一个小灯泡编写习题；电风扇电路辨析，层次递进.

观点 2：本堂课的引入方式新颖，由学生讲述爱迪生发明灯泡简史引入，习题课设计为由学生自主设计习题，以小组计分及闯关形式激发学生参与的积极性.由学生设计、由学生板演、由学生讲解，设计及解题过程中对规范学生物理术语的语言描述及答题的规范性有显著作用.

观点 3：从这堂课可以看出王英慧老师对教材内容了如指掌，从学生设计的充满未知性的习题出发，帮学生厘清教材知识中电能、电功、电功率、电热的来龙去脉，明晰公式的应用范围及附加条件，如不考虑小灯泡灯丝电阻随温度的变化，使知识之间的关系能够融会贯通.

观点 4：王老师的课堂教学抑扬顿挫，情绪饱满，对学生的回答都有明确且激励的评价，结合有感染力的微笑和同学们问答的互动很好地调动了课堂氛围，提高了学生的专注度进而提高了课堂效率.

观点 5：王老师教学方法灵活多样，坚持启发式教学，把小组合作落到了实处，整堂课充满了“师生互动”“生生互动”，他专注且有温度的目光感染着同学们，恰当适宜的手势眼神引领着同学们，课堂节奏紧而不乱，同学们的思维“在线”，这离不开王老师优秀的课堂应变和调控能力.

观点 6：板书的设计以小灯泡及发光线条为主体，体现思维导图的应用，明确公式及使用条件，帮助学生理清思路.

观点 7：时间安排合理，给予学生设计、解读、讲解习题的时间充分，体现了学生的主体地位.

13.3　高中物理习题教学案例实录

1. 课题

磁场，磁感线，磁感应强度，磁通量.

2. 使用教材

普通高中教科书物理必修第一册第十三章第 1、2 节，人民教育出版社.

3. 执教教师及所在学校

邓志强，湖南省祁阳县第一中学.

4. 课堂教学实录

师：（在课前使用希沃白板调出圆规，画出简图）请同学们拿出昨天的作业，练习 P10 题.

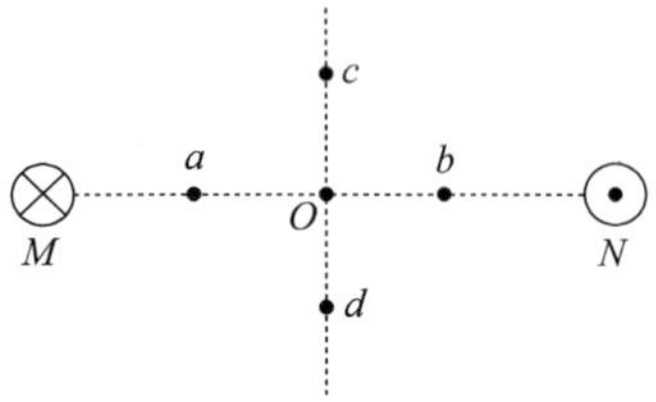

图 13.3　第 1 题情境图

第 1 题：如图 13.3 所示，两根相互平行的长直导线过纸面上的 *M*、*N* 两点，且与纸面垂直，导线中通有大小相等、方向相反的电流. *a*、*O*、*b* 在 *M*、*N* 的连线上，*O* 为 *MN* 的中点. *c*、*d* 位于 *MN* 的中垂线上，且 *a*、*b*、*c*、*d* 到 *O* 点的距离均相等. 关于以上几点处的磁场，下列说法正确的是（　）

A. *O* 点处的磁感应强度为零

B. *a*、*b* 两点处的磁感应强度大小相等，方向相反

C. *c*、*d* 两点处的磁感应强度大小相等，方向相同

D. *a*、*c* 两点处的磁感应强度的方向不同

师：提取题干信息，*M*、*N* 放上直导线，怎么放的？

生：垂直纸面，方向 *M* 向里，*N* 向外.

师：问题是什么？

生：关于 *O* 点对称位置 *a*、*b*、*c*、*d* 的磁感应强度大小和方向？

师：四个点磁感应强度方向怎样判定呢？

生：图像画出来.

师：我请一位同学上台画出磁感应强度的方向，其他同学在下面自己画.

（同学举手示意上台回答问题. 一位同学开始上台画：以 *M* 点为圆心，*Ma* 为半径画了一个圆；再以 *N* 为圆心，*Nb* 为半径画了一个圆. ）

师：（问台上同学）画的是哪个点的磁感应强度方向？只需画出其中一个点就可以，比如 *a* 点的磁感应强度方向.

台上同学：画出 *a* 点磁感应强度方向竖直向下，标出 *BM*；*b* 点磁感应强度方向竖直向下，标出 *BN*.

师：（对着台上同学）请仔细观察，我要确定 *a* 点或者 *b* 点的磁感应强度，你想一想是否已经完整地画出某一个点的磁感应强度方向了？

台上同学：（思考中）

师：你看你自己所画，*BM* 是什么意思？

生：*M* 在 *a* 点所产生的磁感应强度.

师：*a* 点的磁感应强度是否就只是 *M* 点产生？

生：还有 *N* 点会在 *a* 点产生磁感应强度.

台上同学：（迅速以 *N* 点为圆心，*Na* 为半径画了一个圆，并在 *a* 点画出了磁感应强度方向竖直向下，标出 BN.）

师：要确定某一点的磁感应强度方向，先画出磁感线，通电直导线的磁感线是一圈一圈的同心圆，某一点的磁感应强度方向就是该点的切线方向. BM、BN 哪个更大些？

生：BM 要大一些，因为 M 离开 a 点要更近一些.

师：可不可以做得更简单一点？

生：可以.

师：怎样做？

生：直接看出来，用右手定则判定.

师：b、c、d 一样的做法，请同学们自行画图判定.

师：（给大家 2 分钟时间）下面我们一起来分析一下整个试题.

A. 根据右手螺旋定则，M 处导线在 O 点产生的磁场方向竖直向下，N 处导线在 O 点产生的磁场方向竖直向下，合成后磁感应强度不等于 O，因此垂直于纸面向外的通电直导线受到的力不为零. 故 A 错误.

B. M 在 a 处产生的磁场方向竖直向下，在 b 处产生的磁场方向竖直向下，N 在 a 处产生的磁场方向竖直向下，b 处产生的磁场方向竖直向下，根据场强的叠加知，a、b 两点处磁感应强度大小相等，方向相同. 当垂直于纸面向外的相同通电直导线受到的力大小相等，方向相同，故 B 错误.

C. M 在 c 处产生的磁场方向垂直于 cM 偏下，在 d 处产生的磁场方向垂直 dM 偏下，N 在 c 处产生的磁场方向垂直于 cN 偏下，在 d 处产生的磁场方向垂直于 dN 偏下，根据平行四边形定则，知 c 处的磁场方向竖直向下，d 处的磁场方向竖直向下，且合场强大小相等. 因此通电直导线受到的力大小相等，方向相同，故 C 正确.

D. a、c 两点的磁场方向都是竖直向下，则 a、c 两点处放垂直于纸面向外的相同通电直导线受到的力方向相同. 故 D 正确.

故选 CD.

师：（拿出另一本书，拍照典题 2 展示）请看典题 2.（给大家 3 分钟思考）

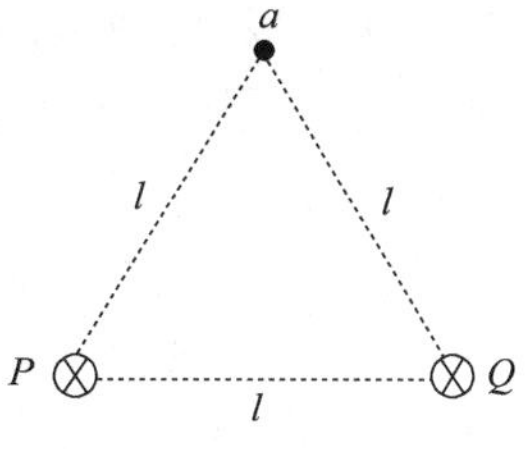

图 13.4　第 2 题情境图

第 2 题：如图 13.4 所示，在磁感应强度大小为 B_0 的匀强磁场中，两长直导线 P 和 Q 垂直于纸面固定放置，两者之间的距离为 l. 在两导线中均通有方向垂直于纸面向里的电流 I 时，纸面内与两导线距离均为 l 的 a 点处的磁感应强度为零，如果让 P 中的电流反向、其他条件不变，则 a 点处磁感应强度的大小为（　　）

A. 0　　B. $\frac{\sqrt{3}}{3}B_0$　　C. $\frac{2\sqrt{3}}{3}B_0$　　D. $2B_0$

师：好了没？请一位同学来回答，你怎么做的？

生：就是比较 P、Q 点对 a 的力.

师：实际上是不是就是把磁感应强度当作力来对待，为什么？

生：是的，力是矢量，磁感应强度也是矢量.

师：那么，P 在 a 点产生的磁感应强度方向向哪里？

生：垂直 Pa 向右下方.

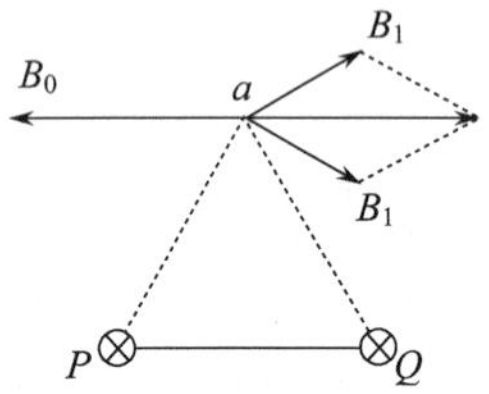

图 13.5　第 2 题求解情境图 1

师：（老师在黑板上画出 P 在 a 点产生的磁感应强度方向，如图 13.5 所示）Q 在 a 点产生的磁感应强度方向……？

生：垂直 Qa 向右下方.

师：（老师在黑板上画出 Q 在 a 点产生的磁感应强度方向）实在搞不懂，怎么办?

生：画圆.

师：对，画圆的意思就是画出 P 在 a 处的磁感线，Q 在 a 处的磁感线，把磁感线的方向判断出来，再把 a 处的磁感线画出来，然后呢？

生：根据题干信息，a 点处的磁感应强度为零,说明 P、Q 在 a 产生的合磁场强度大小为 B_0，方向与 B_0 相反.

师：能听懂不？

生：可以.

师：P、Q 在 a 产生的合磁场强度方向向哪里？为什么？

生：向右，因为 BP、BQ 大小相等，合成为对角线.

师：为什么 BP、BQ 大小相等？

生：因为直导线中电流大小相等，与 a 点的距离也相等.

师：很好. 那么合成为对角线没问题，为什么一定是向右？

生：根据题干信息，P、Q 两者之间的距离为 l，a 点与两导线距离也均为 l，说明 PQa 构成了一个等边三角形，与 Pa 垂直的右下方直线跟与 Qa 垂直的右下方直线夹角为 60°，对角线平分夹角，对角线刚好水平向右.

师：（老师在黑板上画出 a 点磁感应强度方向）非常好，那就进一步说明 B_0 的方向……？

生：反向，向左.

师：（老师在黑板上画出 B_0 磁感应强度方向）接下来怎么做？

生：算出 P、Q 在 a 点产生的磁感应强度大小.

师：怎样计算？

生：假设 PQ 产生的磁感应强度大小为 B，即 $2B\cos 30° = B_0$，得……

师：接下来怎么做？

生：根据题意，让 P 中的电流反向，这样 P 在 a 点所产生的磁感应强度的方向就发生了变化.

师：怎么变的？

生：根据右手螺旋定则，P 在 a 点所产生的磁感应强度的方向为垂直 Pa 向左上方.

师：（在黑板上画出 P 在 a 点产生的磁感应强度方向）那其他磁场方向有发生改变吗？

生：没有.

师：所以变化之后 a 点的磁感应强度的方向如何？大小是多少？

生：就是原磁场 B_0，P 在 a 点产生的磁感应强度，Q 在 a 点产生的磁感应强度三者之和.

师：非常棒，那怎样进行求解？

生：先求出 P、Q 在 a 点产生的合场强.

师：怎样解答？

生：PQ 在 a 点产生的场强互成 120°夹角，形成了 120°的菱形，合成对应 120°的对角线，方向竖直向上，大小等于 B（如图 13.6 所示）.

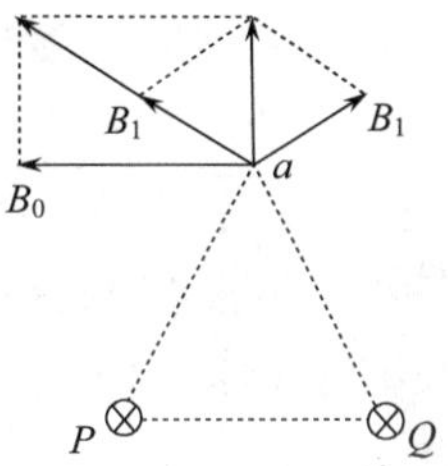

图 13.6　第 2 题求解情境图 2

师：（在黑板上画出 PQ 产生的合磁感应强度方向：竖直向上）

生：然后再与 B_0 进行合成，构成了一个直角三角形，根据勾股定理可得

$$B_{合} = \sqrt{B_0^2 + B^2} = \sqrt{B_0^2 + \left(\frac{\sqrt{3}}{3}B_0\right)^2} = \frac{2\sqrt{3}}{3}B_0$$

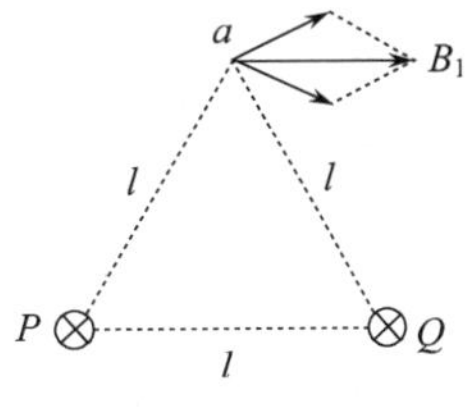

图 13.7　第 2 题求解情境图 3

师：回答得非常棒，我们一起回顾一下：在两导线中均通有方向垂直于纸面向里的电流 I 时，纸面内与两导线距离为 l 的 a 点处的磁感应强度为零，如图 13.7 所示：由此可知，外加的磁场方向与 PQ 平行，且由 Q 指向 P，即 $B_1=B_0$；依据几何关系，及三角知识，则有 $2B_P\cos 30°=B_0$；解得 P 或 Q 通电导线在 a 处的磁场大小为

$$B_P = \frac{\sqrt{3}}{3}B_0$$

当 P 中的电流反向，其他条件不变时，再依据几何关系（如图 13.8 所示），及三角知识，则有

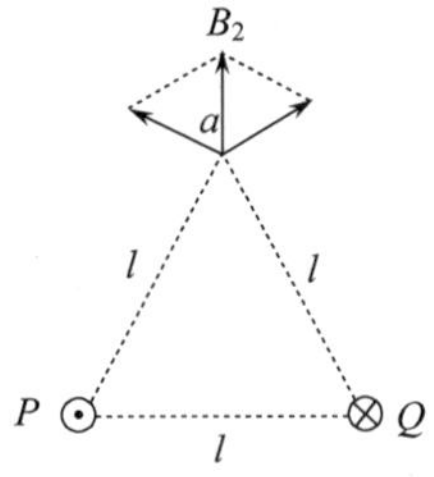

图 13.8　第 2 题求解情境图 4

$$B_2=\frac{\sqrt{3}}{3}B_0$$

因外加的磁场方向与 PQ 平行，且由 Q 指向 P，磁场大小为 B_0；最后由矢量的合成法则，那么 a 点处磁感应强度的大小为

$$B=\sqrt{B_0^2+{B_2}^2}=\sqrt{B_0^2+\left(\frac{\sqrt{3}}{3}B_0\right)^2}=\frac{2\sqrt{3}}{3}B_0$$

故 C 正确，ABD 错误；

故选 C.

师：从上述两个题，我们可以总结一下，关于磁场叠加怎样做题？

生：矢量合成.

师：从本质上来讲与力的合成是一样的，难点在哪里？

生：磁感应强度方向的问题.

师：怎样判定？

生：右手螺旋定则或者安培定则.

师：下面我们看与磁通量有关的问题，第 3 题.

第 3 题：如图 13.9 所示是等腰直角三棱柱，其中底面 $abcd$ 为正方形，边长为 L，它们按图示位置放置处于竖直向下的匀强磁场中，磁感应强度为 B，下面说法中正确的是（　　）

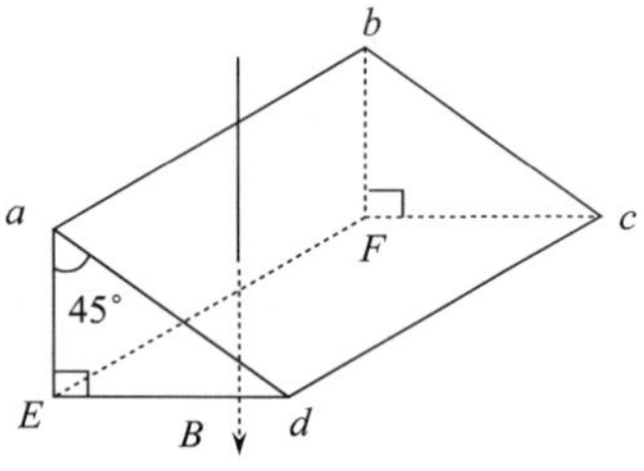

图 13.9　第 3 题情境图

A. 通过 $abcd$ 平面的磁通量大小为 BL^2

B. 通过 $cdFE$ 平面的磁通量大小为 $\frac{\sqrt{2}}{2}BL^2$

C. 通过 $abFE$ 平面的磁通量大小为零

D. 通过整个三棱柱的磁通量为零

师：我们在前面讲了磁通量的问题，磁通量是什么？

生：磁感线的条数.

师：具体一点是，通过某一个面的磁通量的条数，它是对谁而言的？

生：面.

师：是的，那么请大家看看这道习题的 D 选项，这个选项怎么理解？

生：（某一同学）整个三棱柱，（用书本作比较）磁感线穿过整个区域，我们将它展开，就会发现磁感线从一个面进入又从这个面出来了.

师：非常好，大家听懂了没？

生：没有.

师：老师来给大家讲解一下，整个三棱柱有 5 个面，大家看看，有磁场穿过的有几个面？

生：2 个.

师：是的，其他 3 个平面跟磁感线平行，磁感线不穿过平面，没有磁通量. 现在我们把整个三棱柱展开，大家会发现整个三棱柱就只是表面和内部之分，磁感线开始从表面穿入，后面又从内部通过表面穿出，这样，整个看来，磁感线相互抵消，总磁通量为 0.

生：听懂了.

师：我们再来看一个小问题，有关于磁通量的变化，什么是磁通量变化？

生：末减初.

师：是的，末状态的磁通量减去初状态的磁通量，就是磁通量的变化，磁通量的变化一般指绝对值的大小，下面我们一起再看一道题.（一体机照相展示习题）

第 4 题： 如图 13.10 所示，矩形线圈 $ABCD$ 位于通电长直导线附近，线圈与导线在一个平面内，线圈的两个边与导线平行. 进行两次操作，第 1 次将线框 $ABCD$ 平移至虚线位置，第 2 次以 BC 边为轴翻转至虚线位置，哪种操作线圈中磁通量变化大？

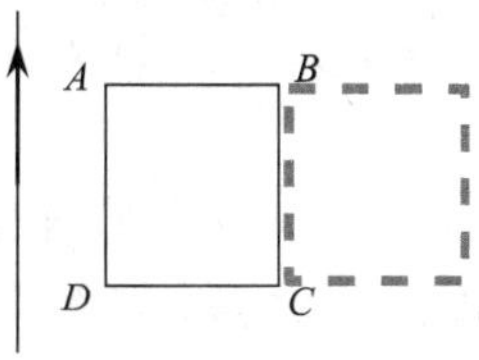

图 13.10　第 4 题情境图

师：请思考，一会儿让一位同学回答.

生：（思考中……）

师：（叫一位同学回答）怎么解决这个问题？

生：（被叫到的同学）先判断由直导线产生的在线圈平面的磁场.

师：非常好，那怎样判断平面磁场？

生：直导线产生的磁场是一圈一圈的同心圆，利用右手螺旋定则判定.

师：是的，那我们还需要做什么事情？

生：因线圈处在平面内，我们将空间图像平面化.

师：对的，沿线圈平面剖开，就可以判定磁场方向，方向向哪里？

生：垂直黑板向里.

师：分布均匀吗？

生：不均匀.

师：是的，离导线近的位置，磁感应强度大.

生：（被叫到的同学）根据离导线近的位置，磁感应强度大，磁感线密度大，然后可以判断实线位置的磁通量比虚线位置的磁通量大.

师：分析得非常好. 那怎样判定操作 1、2 的磁通量的变化大小？

生：线框面积不变，磁场变化，第 1 次操作的磁通量变化比第 2 次小.

师：判定是对的，还是得详细说明，实线位置磁通量大小假定为 ϕ_1，虚线位置磁通量大小假定为 ϕ_2，那么实线位置的磁通量比虚线位置的磁通量要大.

生：(被叫到的同学）第 1 次操作，平移，磁通量方向不变，磁通量变化 $\Delta\phi_1 = |\phi_1 - \phi_2|$，第 2 次操作，磁通量方向反了.

师：是的，这个是整个题的关键，大家听懂了没？

生：听懂了.

师：你接着讲.

生：(被叫到的同学）磁通量变化变为 $\Delta\phi_2 = |-\phi_1 - \phi_2|$，所以第 2 次操作的磁通量变化大于第 1 次操作的磁通量变化.

师：所以，在求磁通量变化时，一定要关注磁通量的方向问题，这个是解题的关键.

下课！

13.4　高中物理习题教学案例实录评价

观点 1：整堂课建立在学生已练习的前提，仅选取了前面布置的作业进行讲评，重在解决学生疑难问题，课堂取舍较为恰当.

观点 2：选错题讲解，整堂课内容较为零散，知识点连接不流畅，整体看来不是很系统.

观点 3：能够灵活应用多媒体（及时调出多媒体资料，比如圆规、照片），显示出老师适应现代化教学，教学能力更加突出.

观点 4：基础理论扎实，专业知识面广，教学中无科学性错误，讲题思路清晰，教学功底好，语言具有亲和力.

观点 5：每道题都能与学生合作，和学生互动效果好，体现了学生主体，教师主导的教学观（基本都是师生互动）.

观点 6：教师课前准备充分，教学安排容量适当，目标明确，重点、难点突出；讲授清晰，注重启发学生，引导学生积极思考.

观点 7：教态自然，语言流畅，讲解清楚，条理分明.

观点 8：对于整个三棱柱磁通量的大小问题，解析得非常好. 学生能够以书本为载体，基础知识非常扎实，教师讲解得也非常到位. “其他 3 个平面跟磁感线平行，磁感线不穿过平面，没有磁通量. 现在我们把整个三棱柱展开，大家会发现整个三棱柱就只是表面和内部之分，磁感线开始从表面穿入，后面又从内部通过表面穿出，这样，整个看来，磁感线相互抵消，总磁通量为 0. ”让同学们一听就能明白.

观点 9：整个教学，就题讲题，讲解清晰，但缺乏一题多变，推陈出新之举. 某一些习题是可以变化的，加深学生对问题的理解，比如，第 4 题可以做如下改编：（如图 13.11 所示）矩形线圈 *ABCD* 位于通电长直导线附近，线圈与导线在一个平面内，线圈的两个边与导线平行. 下列哪种情况线圈磁通量发生了变化：

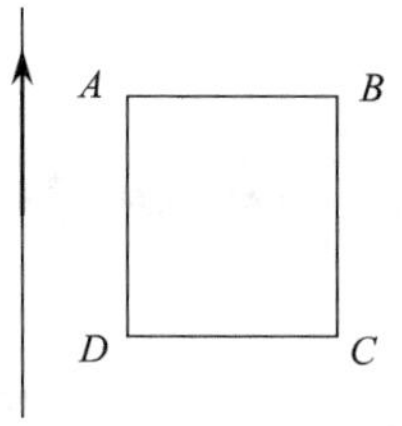

图 13.11　第 4 题情境图

（1）在这个平面内，线圈远离或靠近长直导线时；（磁场发生变化）

（2）在这个平面内，线圈沿着平行与导线的方向上下运动时；（面积、磁场均未发生变化）

（3）线圈以 *AB* 边为轴转动时；（面积发生变化）

（4）线圈以 *AD* 边为轴转动时；（面积发生变化）

（5）线圈以长直导线为轴转动时；（面积，磁场均未发生变化）

（6）长直导线中的电流发生变化时；（磁场发生变化）

（7）在中心点不变的情况下，把矩形线圈 *ABCD* 拉成圆形时.（面积发生变化）

还可以指定位置看磁通量变化大小，如此，学生更能够理解磁通量变化的含义.

观点 10：教师在课堂使用的习题，来源不一，学生经常性换动书本，找题，非常不利于教学，可在课前作更详细的安排，将所有习题编辑到统一 PPT 文件内，在文件中让学生做题、思考，更显从容.

第 14 章　中学物理实验教学案例实录与评价

14.1　初中物理演示实验教学案例实录

1. 课题

神奇的眼睛.

2. 使用教材

初中八年级物理上册第四章第 4 节，上海科技出版社.

3. 执教教师及所在学校

李杨，西南大学附属中学.

4. 课堂教学实录

（环节一，复习导入新课）

（课前提前在黑板上画成像规律的三个图：$u>2f$，$f<u<2f$，$u<f$）

师：最近阶段我们学习了有关光的折射的相关内容，同学们一起通过知识树（如图 14.1 所示）来回顾这部分知识. 什么是光的折射？

生 1：光从一种物质斜射入另一种物质，传播方向发生改变的现象.

师：非常好！光的折射规律呢？对比反射规律简单回答.

图 14.1　光的折射知识树

生 2：三线共面；两线分居；折射角随入射角的改变而改变.

师：非常棒！我们运用这些规律能够解释生活中很多现象，比如筷子为什么向上弯折、用鱼叉捕鱼为什么要叉向看到的鱼的下面等，学习物理规律就是为了解决现实生活中的实际问题的. 后面我们又学了光学器材中的元件——透镜. 它分为凸透镜和凹透镜. 那么凹透镜有什么作用？

生 3：发散作用.

师：凸透镜呢？

生 3：会聚作用.

师：通过前面实验课，大家对凸透镜的成像规律有了深刻的理解，我们一起来看黑板上三幅图，（学生回答，教师黑板书写）第一幅图 $u>2f$，$f<v<2f$，成倒立缩小的实像；第二幅图 $f<u<2f$，$v>2f$，成倒立放大的实像；第三幅图片 $u<f$，成正立放大的虚像.

师：同学们都掌握得不错！同时在凸透镜成实像中，如果要使得像变大，像距、物距怎么变化？

生：物近，像远，像变大.

师：很好！那么我们学习了这些规律后，究竟在生活中有怎么样的运用呢？今天我们学习神奇的眼睛.

（环节二，新知学习）

1）照相机

（开始用学生的集体照来调动学生的学习热情，以此过渡）

师：看看曾经的你们，定格在这张照片中，现在的你们坐在教室里，这一张照片就装下了需要一个教室才能容纳下的你们，很神奇的一件事情，那么我们就先来认识一下第一个神奇的眼睛——照相机.

A. 照相机的结构

师：照相机结构非常复杂，我们今天就研究它的成像原理，因此我们就关注两个元件（见图 14.2）：镜头相当于一个凸透镜，感光片（数码相机，老式相机这里就是胶片）相当于光屏.

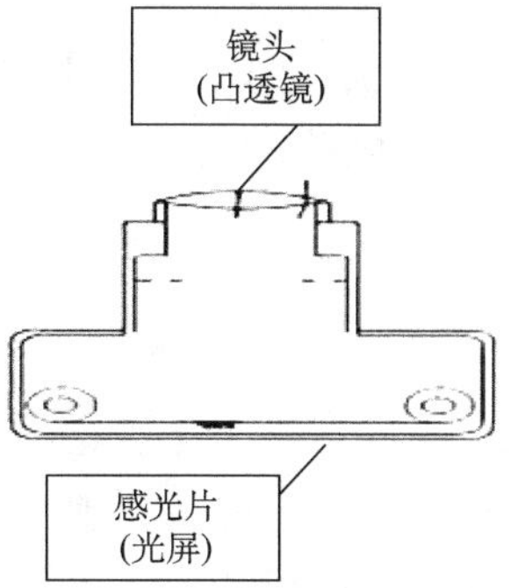

图 14.2　照相机成像原理图

B. 照相机成像原理

师：既然它有这块凸透镜，那么它一定满足这些成像规律，同学们猜猜满足哪条规律呢？

生：第一幅 $u>2f$，$f<v<2f$，成倒立缩小的实像？

师：为什么呢？

生：不对啊，没有倒立啊.

师：我们抓住其中明显主要的特征，刚刚那一张照片将全部同学都装进去了，而我们现在需要这样大的一个教室才能容纳大家，所以是不是像缩小了啊？

生：是.

师：同时能在感光片上成像（能在胶片上呈现出来），那是不是也说明是实像？

生：对.

师：其实老式的照相机装胶卷都是倒着装的，我们这里看到正的像是由于经过数码芯片处理了，因此其实照相机的成像原理就是第一幅 $u>2f$，$f<v<2f$，成倒立缩小的实像.

C. “物近，像远，像变大”的应用

（介绍照相机实际拍照中的物距、像距，说明一下镜头是可以伸缩的.）

师：拍照远处一棵大树，现在需要拍出的图像大一些怎么操作？

（学生思考，适时提醒运用成像规律中的一些结论. 请学生回答，运用 Flash 动画同步展示学生回答的操作. ）

师：人前进，同时要图片清晰，照相机镜头要向外伸，这里实际运用了“物近，像远，像变大”的规律.

师：如果现在需要拍出的图像小一些又该怎么操作？

生：人往后退，同时要图片清晰，照相机镜头要向内缩，“物远，像近，像变小”.

师：现在就请同学们来拍照片. 谁愿意上来？

（拿出相机让学生来体验分别拍一张全身像和一个大头贴，相机最好用老式的，实在找不到就用单反相机，事先说明镜头的调节，相机会自动调节. ）

生：2、3 组学生上台来体验拍照，其他学生来观察他们拍照时是怎么样移动的.

（拍完后，马上把照片呈现在屏幕上，课堂氛围达到一个小高潮，马上让体验者来介绍拍照的心得，巩固“物近，像远，像变大”和“物远，像近，像变小”的规律. ）

师：了解了照相机原理之后，我们来学习我们的眼睛是怎样看物体的，把书翻到第 100 页.

2）眼睛

A. 认识眼睛

师：这么多美丽的图景，通过照片记录下来，其实只要我们身临其境，也能欣赏到这些美景，那么我们怎么看到这些物体的呢？

生：眼睛.

师：眼睛就是一台精密的照相机，那么我们先来了解一下它的结构（见

图 14.3)，类比照相机我们也只关注眼睛的几个关键结构：晶状体相当于照相机的镜头（凸透镜）；睫状体能够调节晶状体，使得晶状体变薄变厚；视网膜相当于感光片（光屏）. 因此眼睛的成像原理也就是第一幅 $u>2f$，$f<v<2f$，成倒立缩小的实像.

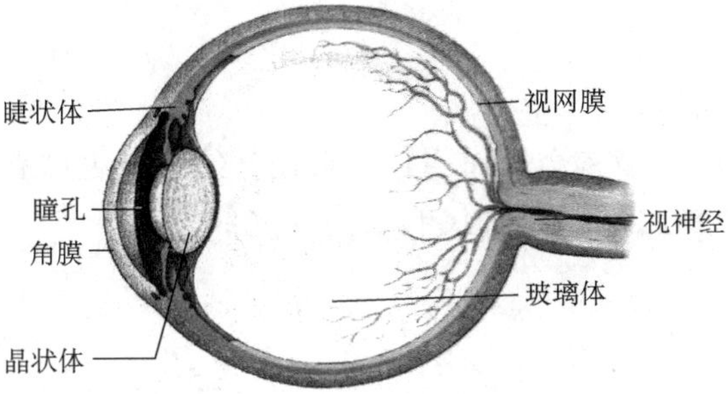

图 14.3　眼睛结构图

师：介绍一个小知识，凸透镜的厚度会影响焦距. 如图 14.4 所示，相同材质的凸透镜越厚，对光的偏折能力越强，会聚就越靠近凸透镜，焦距就变小；相同材质的凸透镜越薄，对光的偏折能力越弱，会聚就越远离凸透镜，焦距就变大.

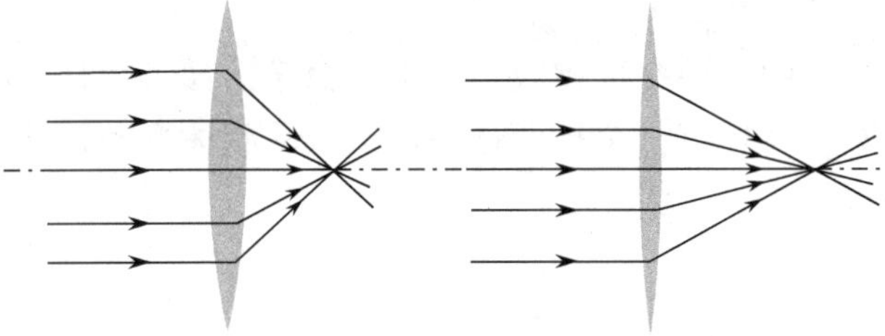

图 14.4　透镜厚度对像的影响

师：戴眼镜的同学摘掉眼镜，能否看到远处的同学？能否看清远处的同学？

生：看不清.

师：(讲解眼睛看清物体的原理，用 Flash 展示，得到结论是由于睫状体对晶状体的调节使得远近的光线能成像在视网膜上. 同时引出近视眼成因，如果长期使睫状体处于紧张状态，那么它就会对晶状体进行不断挤压，造成晶状体变厚，导致近视.)

B. 近视眼、远视眼的成因及矫正

(Flash 模拟动画)

师：如果长期使睫状体处于紧张状态，那么它就会对晶状体进行不断挤压，造成晶状体变厚，凸透镜越厚，对光的偏折能力越……？

生：强.

师：导致光线会聚……？

生：靠近凸透镜.

师：那么成像就在视网膜的前面，导致看不清远处的物体. 那么怎么来矫正呢？

生：戴眼镜.

师：戴凸透镜可以吗？

生：不可以，凸透镜有会聚作用，它会使光线会聚更加靠前，用凹透镜.

师：（Flash 动画展示）对，我们要先让光线发散一点，因此我们需要用凹透镜来矫正.

总结.

（1）成因：

晶状体太厚 ⇨ 折光能力太强 ⇨ 成像于视网膜前

（2）矫正：凹透镜.

C. 拓展

师：激光治疗近视眼就是在明确近视眼成因后发展的一个医疗技术，它是利用激光使得厚的晶状体变薄.

师：理解了近视眼，那么远视眼也就很清楚了，如果睫状体处于过度松弛状态，那么它就会对晶状体有一个拉伸作用，造成晶状体变薄，凸透镜越薄，对光的偏折能力越……？

生：弱.

师：导致光线会聚……？

生：远离凸透镜.

师：那么成像就在视网膜的后面，导致看不清近处的物体. 那么怎么来矫正呢？

生：凸透镜.

师：（Flash 动画展示）对，凸透镜有会聚作用，我们要先让光线会聚一点，因此我们需要用凸透镜来矫正.

总结.

（1）成因：

晶状体太薄 ⇨ 折光能力太弱 ⇨ 成像于视网膜后

（2）矫正：凸透镜（老花镜）.

3）投影仪

师：刚刚讲述的都是缩小的像，那么我们教室里有没有放大的像啊？

（展示自制投影仪（见图 14.5），介绍结构（见图 14.6）和功能. ）

（通过自制幻灯片上的“F”在墙壁上所成的像（见图 14.7）来让学生分析投影仪（幻灯机）的成像规律，满足黑板上第二幅 $f<u<2f$，$v>2f$，成倒立放大的实像，并且让学生能够真正看到所成的像是上下颠倒，左右对称的. ）

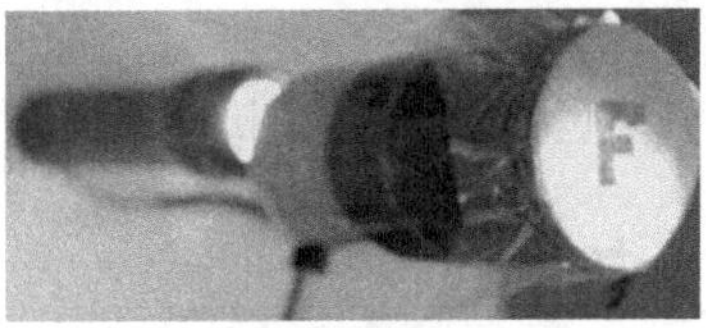

图 14.5　自制投影仪进行实验

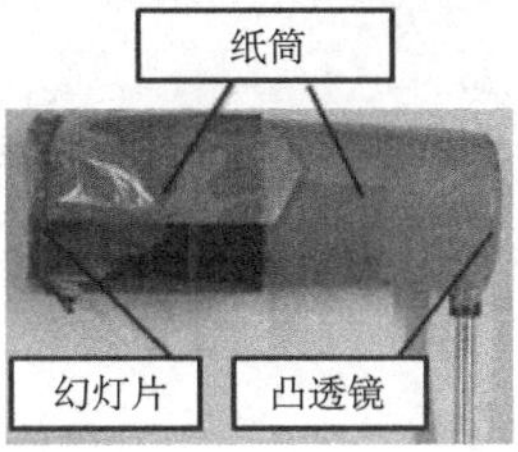

图 14.6　自制投影仪结构示意图

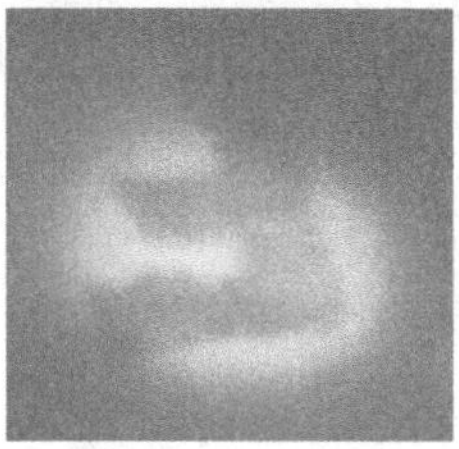

图 14.7　自制投影仪成的像

师：怎样使图像由天花板投影到墙壁上？（可做适当的提示：什么光学元件可以改变光路？）（如图 14.8 所示）

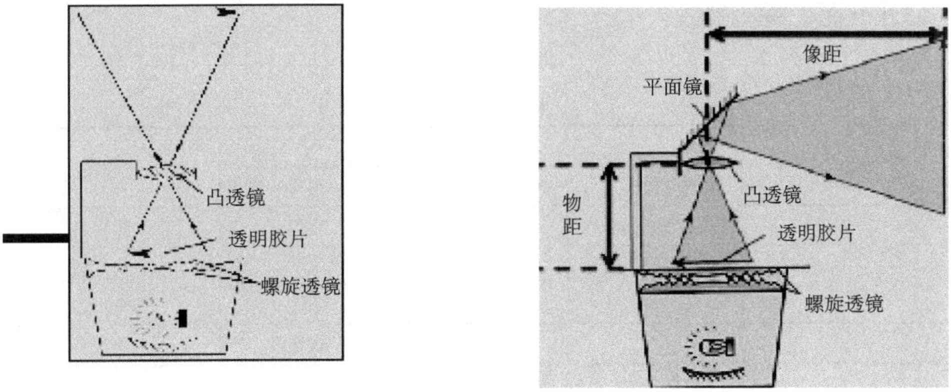

图 14.8　实物投影仪展示原理图

（由图 14.8 过渡，展示实物投影仪，介绍各个部件，让学生明白物距和像距以及如何调节物距和像距，通过学生活动解决实际问题：如果要屏幕上呈现更大的清晰图像，怎样操作？学生（2 组）上台来尝试. 学生自己总结：像变大了，像距就要变大，投影仪应该远离屏幕；物距应该变小，凸透镜应该向下调. 同样运用了“物近，像远，像变大”.

同样让学生说如何得到一个更小的清晰图像，教师操作，起到巩固的作用.）

4）放大镜、显微镜和望远镜

（由物像同侧的体验，提问学生放大镜的成像原理，学生基本能答出是第三幅 $u<f$，成正立放大的虚像.）

师：刚刚介绍的都是一块透镜的，那现在来介绍一些透镜组合的.

（1）普通显微镜：它的作用是将微小的东西放大. 目镜和物镜都是凸透镜. 物镜的作用相当于投影仪的那块凸透镜的作用，成放大的实像；目镜的作用相当于放大镜的作用，成放大的虚像.

（2）望远镜：展示几种望远镜，同时展示自制的简易望远镜（两个焦距不同的放大镜，中间用两个大小不同的圆筒连接可进行伸缩调节），鼓励学生课下上网收集有关资料并尝试自己动手做一个望远镜.

（环节三，学生练习巩固）

下列图片中近视眼成因及其矫正的是_____.

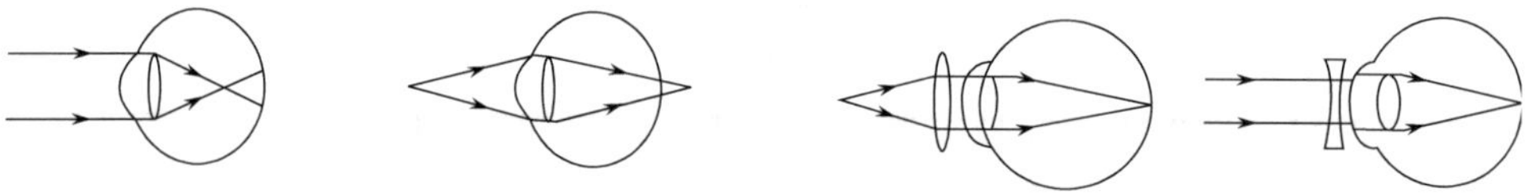

甲　乙　丙　丁

（环节四，教学小结）

1）凸透镜成像规律

物距 u	像的特点			应用
	大小	倒正	虚实	
$u>2f$	缩小	倒立	实像	照相机
$f<u<2f$	放大	倒立	实像	幻灯机 投影仪
$u<f$	放大	正立	虚像	放大镜

2）近视眼成因及矫正

（1）成因：

晶状体太厚 ⇨ 折光能力太强 ⇨ 成像于视网膜前

（2）矫正：凹透镜.

3）远视眼成因及矫正

（1）成因：

晶状体太薄 → 折光能力太弱 → 成像于视网膜后

（2）矫正：凸透镜（老花镜）.

14.2　初中物理演示实验教学案例实录评价

1. 实录课题来源说明

本节课是西南大学附属中学物理组李杨老师对“国培计划”（2012）重庆市农村义务教育名师异地脱产研修初中物理班进行的一节公开课.

2. 点评

观点 1：本节课的优点是教师的基本功扎实，语言规范，板书作图规范；教学设计中细节考虑周到，符合学生的认知规律.

观点 2：教学有特色，知识树的运用很好体现了一种教学思路.

观点 3：几个演示实验设计非常好！其一，让学生真实体会照相的过程实验，体现了从生活到物理，从物理到生活的理念，活跃了课堂气氛. 其二，自制投影仪进行投影实验演示，原理、结构讲解清楚，操作娴熟，效果非常好. 其三，自制简易望远镜，让学生体验观察，说明教师动手实践能力非常强.

观点 4：课件精美，利用许多 Flash 动画突破了难点.

观点 5：不足之处是教学容量稍大，重点部分可再加强训练巩固，学生总是处于被调动，再开放一些，放开手把课堂交给学生.

观点 6：一个值得研讨的问题：我们初中物理课堂的定位究竟该是什么？

3. 总结

初中物理更多地给予学生感性认识，但作为一门严谨的科学，我们必须培养学生的理性思维，依靠正确的理论，而这些并不一定是从枯燥的公式题目中培养起来的. 它可以来自很多方面，丰富多彩的生活需要我们物理教师去开发利用，不断挖掘生活中的物理，让学生感觉物理就在自己手边. 只有学生感兴趣了，物理课堂才会“活”起来，学生才会感受到物理带来的乐趣.

14.3 初中物理随堂学生分组实验教学案例实录

1. 课题

密度——探究物体质量、体积、物体种类之间的关系.

2. 使用教材

初中八年级物理上册第六章第 2 节，人民教育出版社.

3. 执教教师及所在学校

邓伟，重庆市江北中学.

4. 课堂教学实录

（课堂导入教学实录）

师：很高兴与大家一同来学习，今天老师给大家带来一份特别有重量的礼物.（拿起砖头并在着实敲两下，如图 14.9 所示），请注意看，这是两块非常特别的（此时一块砖头滑下险些砸到女学生），同学没事吧？

图 14.9 拿起砖头

生：没事.

师：安然无恙. 为什么？请当事人来感受一下，你判断一下两块砖头的质量一样吗？哪块轻一些？

生：（举起右手示意）这块.

师：好，请坐，体积相同的两块砖质量不一样，为什么？老师马上为同学们揭秘. 在这之前，先提醒大家一下，刚才是危险动作切勿模仿.（将右手的砖在桌上敲敲）这一块是实心砖，这一块是假砖（将左手的砖块掰成两块），泡沫做成的.

那么体积相同的两块砖由不同种物质组成，质量不一样，说明质量与什么有关？

生：物质的种类.

师：一起写下来.（板书：质量　物质种类）那么质量还与什么有关呢？请看，同种物质都是泡沫组成的砖，两块质量一样吗？

生：不一样.

师：不一样的原因是什么不同？

生：大小.

师：大小，也就是体积，说明质量还与体积有关系.（板书：体积）那么我们不禁要想体积、质量、物质种类三者到底有怎样的联系？今天我们就通过实验来探究一下.

（实验探究质量、体积、物体种类之间的关系教学实录）

师：同学们请看屏幕（指向 PPT），每组同学有这样两组固体，固体 1、固体 2，它们由不同种物质组成，体积已知，质量可以用什么测量？

生：天平.

师：接下来啊，我们就分组测出两个固体的质量. 大家还记得天平使用的注意事项吗？请看屏幕，我们一起来简单地回忆一下，第一，天平放在……？

生：（看向 PPT）水平台面上.

师：第二，移动游码到零刻度处，调节平衡螺母，使天平……？

生：平衡.

师：第三，左盘放……？

生：物体.

师：右盘放……？

生：砝码.

师：用镊子夹取砝码. 那接下来呢，就请同学们将两个物体的质量测出并填入实验报告单中. 开始吧.

生：（两两分组操作）

师：（走动指导，用时约 7 分钟）好，同学们，经过大家的努力，基本上已经完成. 现在根据你们所测的实验数据，有哪组同学可以告诉我，你有发现体积、质量、物质种类三者的关系了吗？我们随便找一组（拿起同学的数据投影）确实没什么发现. 若实在没有什么发现，我们不妨换一种更为直观的方式——描点. 如何描点？请看屏幕，如果某组同学测得物质 1 质量为 7g，体积为 $20cm^3$，我们以体积为横坐标，质量为纵坐标进行描点，如图所示（PPT 展现描点过程），找到这点并且在旁边标上物质的种类 1. 那现在请同学们在桌上取出你们的坐标以及记号笔，（拿出坐标及记号笔示范）胶片上有坐标，请同学们取出记号笔把刚才的实验数据以点的形式描在坐标上，马上开始.

生：（操作描点）

师：（走动指导，用时约 2 分钟）大家不用描虚线，先找到点.

师：好啦，同学们停下来差不多了，通过刚才描点的方式，你有发现体积、质量、物质种类三者之间的关系吗？好像还是没有. 那我们再找一组看一下，请看屏幕，还是没什么发现. 那既然一张胶片我们看不出什么，我们可以怎么样？两张或者多张. 那现在我们将所有胶片收集起来看有什么发现.（收集所有组的胶片）这个胶片是透明的，为了方便观察，我们现在将它们叠放在一起（叠上第二组胶片，如图 14.10 所示），有什么发现吗？我们再叠加几幅. 好像还是看不出，那我们多加几张. 好，差不多，请看大屏幕，现在同学们有什么发现吗？我们来注意观察下这些点的分布有什么特点？这是物质 1 的点（用手势引导是一条直线），物质 1 的点排列有什么规律么？请一位同学来说一下.

图 14.10　胶片叠加，观察实验结果

生：物质 1 的质量随着它的体积正向增长.

师：很好，但老师的问题是物质 1 的这些点的排列有什么特点？好，这位男同学.

生：这些点越来越高……

师：好，请坐.（再次手势引导直线）物质 1 的这些点的排列有什么特点？我们发现，这些点走在一条直线上，是不是？是这样吗？我们来连一下（用刻度尺连线，如图 14.11 所示），果然这些点大致是在一条直线上，那物质 2 的点呢？我们也来连一下，结果发现也是在一条直线上，于是呢我们得到两条倾斜的直线. 接下来我们将这两条线延长，看看有什么发现？（延长斜线）结果呢，我们惊奇地发现这两条线是经过了原点的，那过原点表示什么呢？当体积为零的时候，质量……？

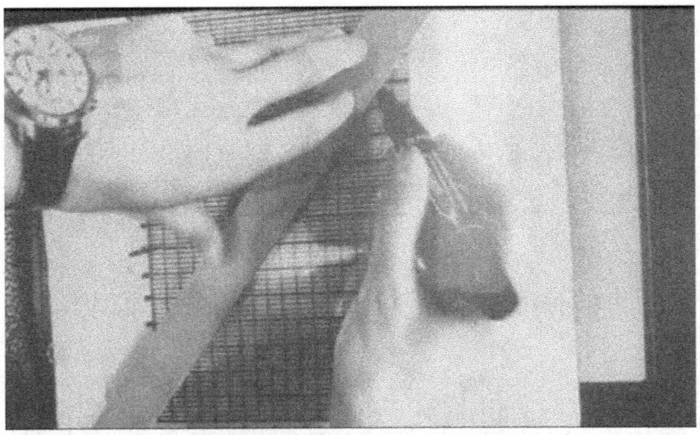

图 14.11　用刻度尺连线

生：也为零.

师：那刚才一组同学发现了什么没有，但通过我们团队的努力终于有所突破，说明团队合作能创造奇迹. 但是，通过这两条线，能得到物体的体积、质量与物质种类之间的关系吗？它们能告诉我们什么呢？我们回忆下我们在哪里学过类似的图像？我们把屏幕切换一下.（切换屏幕）请看屏幕，路程、时间图，横轴代表时间，纵轴代表路程，那这条倾斜的直线表示我们做什么运动？

生：匀速直线运动.

师：欸，匀速运动，换句话说速度的大小是不变的，也就是说路程与时间的比值是不变的，或者说是相同的. 那我们刚才也得到这样一条倾斜的直线，那发现什么是相同的？有没有同学来说一下？

生：质量与体积之比是相同的.

师：请坐，很好，也就是我们得到质量与体积的比值是相同的，而这都是由物质 1 构成的点，于是呢我们得到如下结论：同种物质，质量与体积的比值是相同的. 再回到我们的 s-t 图，这一条线也代表了物体的匀速运动，那这二者速度一样吗？

生：不一样.

师：换句话说，路程与时间的比值一样吗？

生：（摇头）不一样.

师：那么这幅图像中也有这样两条倾斜的直线代表了不同种物质，于是我们得到，对于不同种物质，质量与体积的比值是……？

生：不同的.

师：很好，结果是不同的. 当然我们这里只研究了两种物质，我们以后会经过更多的学习发现，不同种的物质质量与体积的比值一般是不相同的. 那么我们刚才的结论正确吗？我们马上通过计算来验证一下. 接下来，请同学们看你们的实验报告单，我们就来计算一下质量与体积的比值，分组计算，这样左边的同学就算物质 1 的质量体积比值，右边的同学呢算物质 2 的，好，马上开始.

生：（计算）

师：（整理桌面，走动观察）结果保留一位小数.（用时约 1 分钟）好，同学们请停下来，现在请告诉我，左边的同学算出来物质 1 的质量和体积的比值是多少？

生：7.9.

师：7.9 对吧？右边的同学呢？算出来……？

生：2.7.

师：再看我们的斜线，证明刚才我们得出的结论是正确的，于是我们发现同种物质的质量和体积比值相同，不同种物质质量和体积比值不同，说明质量和体积的比值可以用来鉴别物质的种类. 它是一个有意义的物理量，但是每次这样说是不是很麻烦，我们用一个词来代替它，前人非常聪明他们想到一个很好的词来代替，老师先卖个关子.（拿出两个纸箱，上面标有“1”“2”序号，如图 14.12 所示）请看老师送给大家的第二份礼物，这里有两个体积相同的箱子，谁的质量大呢？我们测一下就知道了（拿出等臂杠杆，将箱子挂上去），松手（“1”号箱下沉），显然，1 号箱是不是要大些？那请问同学们，体积相同，“1”的质量大些，那质量和体积的比值谁要大些？

图 14.12　展示 2 个箱子

生：1……（不太确定的声音）

师：把它写下来，这边，（板书）体积相同 1 的质量大些，那质量和体积的比值 1 就要大些. 有同学会好奇里面是什么？我们马上把它打开（放下等臂杠杆，拆开“1”号箱和 2 号箱），请看，这是比值大的这是比值小的（手势指向），请同学们注意观察，箱子内小球的排列有什么不同？

生：第一个小球排得比较密，第二个小球排得比较疏.

师：挺善于观察，掌声送给她.

生：（掌声）

师：刚才同学说到，这个比值大的排列要密集一些，这个比值小的要稀疏一些，也就是说二者的疏密程度是不一样的，于是呢？我们前人就用一个什么词来代替呢？对了，很好，密度. 但是随着科技的进步，疏密程度并不能完全准确地描述我们的密度，等待我们进一步学习探讨. 同学们翻开教材，我们学习了新的物理量——密度.（板书）第一定义，我们把密度定义为质量与体积的比值；第二公式，在物理学中我们用字母 ρ 表示密度，于是公式可以写作 $\rho=m/V$，这是我们遇到的新的物理量，读作 rou，会写吗？伸出你的手指写一下.

生：（伸手描）

师：好，放下.（板书：3.单位）质量的国际单位是什么？千克. 体积的国际单位？立方米. 你能用物理的公式推导出密度的单位？回顾一下我们速度的单位怎么来的？$v=s/t$，这个是米，这个是秒，于是得到速度的单位米每秒，那密度的单位是？

生：千克每立方米.

师：很好，kg/m^3（板书），那请大家回到实验报告单，这上面的单位是什么呢？

生：克每立方厘米.

师：克每立方厘米，对吧？很好，两个都是密度单位，它们之间的换算关系是怎么样的呢？我们来做个简单的推导，请大家看.（板书推导过程）现在我们就得到它们俩的换算关系. 接下来，我们做一个小小的练习，请同学们拿出你的草稿本完成以下练习.（PPT 展示单位换算练习）

生：进行练习.（用时约 40 秒）

师：好，第一个等于多少？

生：7.9.

师：第二个等于？（2700），2700 对不对？（学生有些答不上来）好，同学们，刚才是在老师的引导之下得到上述结果，接下来考验大家的自学能力，知道常见物质的密度吗？请看，这是密度表，同学们你可以翻到你的教材的 114 页，请同学们注意观察密度表，你们有什么发现吗？

生：（观察表格，用时约 1 分钟）

师：好，想到的同学请举手.

生：冰和纯水的密度不一样.

师：好，她说冰和纯水的密度不一样，我们观察，那说明物质的密度与什么有关？

生：状态.

师：欸，状态有关，很好，大家给点掌声，（指向回答问题学生）请坐. 那还有其他发现吗？

生：我还发现不同种类密度不一样.

师：那说明物质的密度与什么有关呢？

生：物质的种类.

师：反映了物质的种类. 很好，请坐，还有吗？

生：我发现不同种类物质的密度有可能是一样的.

师：有可能是一样的，举个例子呢？

生：植物油和冰的密度是一样的.

师：都是一样是吧，好，谢谢. 我相信呢，同学们有其他不同的发现是吧，下来呢相互交流一下. 那老师想问一个问题，刚刚我们发现密度与物质种类和状态是不是有关系？那么与质量、体积有没有关系呢？好，同学们看到，我们刚才不是还有一块砖吗？把这块砖拆一块下来，那么剩下的这一块质量、体积、密度变吗？思考之后回答我. 好，质量变了，质量变小，体积……？

生：变小.

师：密度呢？

生：没变.

师：为什么不变呢？有同学说种类没变是不是啊？那我们再来看一下，同学们请看，老师这里把这个箱子切一块下来. （将箱子的绷带拆开取下一块）切下来一块之后，质量、体积是不是都变小了？密度变了没有？

生：没有.

师：欸，没有. 那说明我们的密度和质量体积有没有关系？

生：没有.

师：于是呢，我们得到如下结论，请看（PPT 展示）：密度与物体的质量、体积无关，而与物质的种类、状态是不是有关系？欸，很好，那我们做个小小的练习.（课堂小练习）选什么？

生：C.

师：选 C，我们请个同学来说一下其他选项为什么不对呀.

生：A 选项同种物质密度相同，质量与密度无关.

师：很好，其他选项呢？

生：B 选项密度不变.

师：那 D 选项呢？

生：D 选项是因为它是同种物质，密度不变.

师：很好，掌声送给他.

生：（掌声）

师：今天呢，我们学习了新的知识，那我们来总结一下，我们到底学到了什么. 有没有同学来说一下？

生：我觉得什么是密度.

师：还有呢？

生：体积、质量、物质种类……

师：很好，其他同学还有呢？

生：我学到了体积、质量和密度的关系.

师：欸，很好，其他同学呢？再来分享一下.

生：我学到了如何用质量和体积来求密度.

师：很好，那我们求密度的话是不是有公式啦？请看黑板 $\rho=\dfrac{m}{V}$，质量是不是除以体积，请同学们要注意单位对不对. 好，还有吗？你还学到了什么？

生：我还学到了如何换算单位.

师：学到了如何换算单位很好，请坐，那我相信同学们通过今天的学习都有不少收获，下来呢同学们再相互交流探讨一下，今天同学们表现非常不错，老师决定现场制作一份礼物送给大家，（准备调密度鸡尾酒，如图 14.13 所示）还插上吸管，这就是老师为大家准备的礼物，喜欢吗？

图 14.13　调密度鸡尾酒

生：喜欢.

师：这是一杯类似于鸡尾酒的饮料，当然可以给它取个名字，比如叫风情夏威夷，那请问同学们这三层饮料为什么会分层三层？有同学说到是因为密度不一样对吧？那么请问从上到下三层密度的大小是如何变化的呢？

生：从小到大.

师：同学们有自己的猜想对吧，想得到这杯饮料？

生：想！

师：但是老师只有一杯，今天就给大家布置一个任务，接下来利用生活中三种不同颜色的饮料调制这样一杯鸡尾酒来探讨刚才老师所提出的问题，好吗？预祝同学们通过学习，未来的生活像鸡尾酒一样绚丽多彩，谢谢大家！下课！

生：（掌声）

14.4 初中物理随堂学生分组实验教学案例实录评价

观点 1：邓伟老师的“密度”这节课导入选择的是“真砖头”和“假砖头”，设置疑问的同时也铺垫了“密度”这一物质的特性，并引导出不同物质组成的体积相同的砖头其质量不同，为后面的实验设计教学展开了思路. 同时，砖头偶然落下不小心砸到同学也很好地利用设置悬疑巧妙化解. 但邓老师还是比较紧张，神态比较局促不够自然.

观点 2：在导入的作用下自然过渡到实验设计，物质的种类和质量、体积的关系，引导同学们选择恰当的实验器材并提醒了使用时的注意事项. 在学生实验时给予了适当的指导，给足了实验时间，实验目的要求明确.

观点 3：邓伟老师用半透明薄膜来收集不同组别的实验数据，并在薄膜上打孔让薄膜快速对整齐，手势引导并利用各点连线整理实验数据得出结论，教具设计合理直观，同时提倡了团结合作的作用，达成了情感态度价值观的教学目标.

观点 4：得到质量-体积图像后，邓伟老师巧妙类比匀速直线运动的路程-时间图像，引导学生同种物质的质量和体积之比是一个定值，而不同物质这个定值一般不同，得到了密度这个特性. 整个过程结合了多种教学手段，层层递进，逻辑清晰地让学生理解“密度”的概念，并再次通过计算验证促进学生深入理解.

观点 5：从宏观到微观，构建物理模型让学生理解为什么不同物质的密度不同，这个关系到分子的排列，从“疏密程度”这个词再次深入强化，环环相扣地引出“密度”的概念，这样的教学，无论从在知识内容的由来上，还是知识点的深入理解上，都能有效地使学生接受并掌握所学知识.

观点 6：“密度”这节课教学内容突出、时间安排合理、教学目的十分明确，同时邓老师语言较流畅，通俗易懂，类比合理，能够吸引学生听课的注意力，并与学生有较多的互动，激发学生的思维和学习兴趣.

观点 7：邓老师的结尾是在小结知识点后，现场制作了“鸡尾酒”，学以致用，引导学生将物理知识带回到生活中去，在高度结合本节课重点知识的同时又设置了新的挑战，让学生们意犹未尽，在生活中对密度知识进一步探究.

14.5 高中物理学生分组实验教学案例实录

1. 课题

实验：探究小车速度随时间变化的规律.

2. 使用教材

普通高中教科书物理必修第一册第二章第 1 节，人民教育出版社.

3. 执教教师及所在学校

李琴，重庆市电厂中学.

4. 课堂教学实录

（环节一，导入新课）

师：之前我们学习了一些描述运动的基本物理量，比如位移、速度、加速度等. 但是生活中运动非常多，也很复杂，这些运动里面大都伴随着速度的变化，我们怎么来研究这些运动？又怎么从这些复杂的运动中寻找出规律呢？这节课我们就想办法来寻找出规律，今天我们进入第二章第 1 节的学习.

（环节二，设计实验）

大家想一下，之前我们学习过的速度是表征物体运动快慢的物理量，那怎样得到一个物体的瞬时速度呢？我们之前有方法没有？

生：有.

师：什么方法？

生：打点计时器.

师：对，通过打点计时器来做实验，近似得到某个物体在某个瞬间的速度. 这节课我们从实验出发，首先，大家思考这样一个问题，在实验室里能不能得到一个运动，比较简单的、容易得到的？

生：能.

师：可以. 比如说？

生：（七嘴八舌）

师：有同学说，一个物体可以往下落，实验小车也可以在拉力作用下运动，那我们就来研究小车在拉力作用下的运动. 那同学们思考，怎样研究，该如何设计实验呢？

生：（无人回答）

师：小车的运动大家可以用眼睛看，那能不能得出它某时的瞬时速度呢？眼睛看不看得出来？

生：不能，看不出来.

师：那有什么办法知道小车的瞬时速度呢？

生：打点计时器.

师：打点计时器可以，那我们想办法用打点计时器来研究小车的运动，下面我们来设计这个实验.

师：我们思考一下，需要哪些器材？除了打点计时器、小车，还需要哪些？

生：（七嘴八舌）

师：同学们都在说，我听不清，我叫一个同学起来说.（指到某个女同学）来，你起来说一下，需要哪些器材？

生：纸带、电源、打点计时器、小车、钩码、刻度尺.

师：很好，请坐，刚才大家的意见也差不多. 那这样哈，我们每 4 个同学一个小组，每个小组桌子上都有这些东西，就是刚才大家所说的器材. 那给大家一点时间来设计一下实验，看怎么得到实验装置，给大家一点时间设计.

（学生分小组设计组装实验装置，老师巡视指导）

师：装置连好之后举手，我来检查.

（学生继续讨论）

师：同学们都很好，当然个别组也有些问题，那我们先一起来把实验步骤总结一下.

师：实验步骤：

（1）木板平放，并使滑轮伸出桌面，把打点计时器固定，连接好电路.

（2）穿纸带；挂钩码.

（3）先接通电源，然后放开小车，让小车拖着纸带运动，打完一条后立即关闭电源.

（4）换纸带，加钩码，再做一次.

师：实验步骤有了，我们再看一下实验需要注意的问题：

（1）固定打点计时器时应让限位孔处在长木板的中央位置.

（2）滑轮不能过高,细绳应与木板平行.

（3）小车由靠近打点计时器处开始释放，在撞击长木板末端前应让小车停止运动,防止小车从板上掉下来.

（4）先接通电源，后让纸带运动.

（5）打点结束后立即关闭电源.

师：那下面同学们就按我们总结的实验步骤进行实验.

（环节三，学生进行实验）

（学生实验，教师巡视指导，解答实验中出现的问题）

师：同学们停一下，我发现同学们实验过程中有许多组都是成功的，也有些组出现了一些问题，我们一起来看一下，请发现问题的同学起来说一下.

生 1：复写纸坏了，打不起点.

师：可能是复写纸久了，还有其他组也有这个问题，我们替换了就好了.

生 2：我们开始把纸带放在白纸下面，打不起点，后来放在白纸上面就好了.

师：哦，纸带位置放错了.

生 3：开始小车往边上跑，后来重新固定纸带就好了.

师：你们是把纸带固定在小车上时没有固定好，斜了.

师：还有吗？

生：没有啦.

师：好. 我们实验是 4 个同学一个小组，发现了问题要大家一起解决. 刚才发现的问题我们都解决了，很好.

（环节四，实验数据处理）

师：我们来看一下，老师课前打出来的纸带是这个样子的.（PPT 上呈现纸带）同学们你们的纸带是这样的吗？

生：是的.

师：小车的运动情况反映在纸带上是这个样子的，那问题来了，怎样由这个纸带来讨论小车的运动以及它速度变化的规律呢？

师：在这样一条纸带上，能看到一些什么信息？

生：（七嘴八舌）

师：第一个，物体的速度越来越大，那它是不是做加速运动. 再看还能得到什么信息？

生：位移越来越大.

师：两个点之间的位移越来越大，还有吗？

生：时间间隔是一样的.

师：两点之间的时间间隔是一样的，0.02s，这是不是打点计时器的特点，这是能看到的，我们再来思考一个问题，如果通过数据处理与分析，还能得到哪些信息？

生：加速度、瞬时速度.

师：很好！那我请问大家怎么来得到加速度与瞬时速度的大小？

生：（思考）

师：我叫一个同学起来说一下.（指着一位男生）来，你来给大家分享一下，你觉得得到加速度与瞬时速度有什么方法吗？

生：某点的瞬时速度可以用它前面那点与后面那点的距离除以时间，加速度可以用两个瞬时速度之差除以时间.

师：大家领悟他的意思没有？

生：领悟了.

师：好，请坐. 有点紧张，我来帮他解释一下. 求瞬时速度的方法我们之前学习过，可不可以通过某一段时间的平均速度来近似得到它中间时刻某位置的瞬时速度？

生：可以.

师：那是不是就是刚才同学说的，求某一点的瞬时速度，可以通过它之前和之后两点间的平均速度来表示？对于加速度，如果有两点的瞬时速度了，可不可以用加速度计算公式得出加速度大小？

生：是的.

师：那我们再具体来看一下还有些什么问题，首先第一个问题，怎么选纸带？我们有 3 条纸带，每条我们都用吗？

生：不是.

师：应该怎么办？

生：打点清晰的.

师：打点清晰的，好找规律的. 不清晰、有错的我们就放弃.

师：第二个问题，纸带上的点很密集，所以我们以纸带上每 5 个点作为一个计数点，之前我们是不是用过这个方法. 第三个问题就是数据怎么记录与处理？

生：表格，作图.

师：对，用表格记录数据，然后作速度-时间图像，由图像找物体运动规律. 下面同学们就处理自己打出来的纸带，把数据记录在表 14.1 之中（PPT 上呈现）.

表 14.1　实验数据记录表

位置编号	0	1	2	3	4	5
时间/s						
距离/m						
速度/（$m \cdot s^{-1}$）						

生：（处理实验数据，老师巡视指导）

（环节五，实验总结）

师：好了，同学们处理好了吧. 我找了两组同学的，我们看看他们得到了什么结论.（投影仪呈现学生的实验数据处理表格和作的图像，如图 14.14 所示）

图 14.14　投影仪展示学生实验数据及其处理结果

师：这是第一组同学的，大家看一下，他们根据纸带找出了 6 个计数点，并且得到了每个点的瞬时速度，从瞬时速度同学们看这个物体做什么运动？

生：匀加速.

师：加速. 通过数据我们不能确定具体是怎样的加速运动，我们由图像来看看是怎么样的？由图像看，在误差允许范围内，速度-时间图像是不是一条直线？

生：是的.

师：那物体做的什么运动？

生：匀加速直线运动.

师：很好！我们看看另外一组同学的结论是不是一样的？（展示另外一组的）

生：差不多.

师：是不是一样的. 这样一个结果，那我们来分析一下，v-t 图像是一条倾斜的直线，这是什么物理含义？有什么特点？

生：小车加速度不变，做匀加速运动.

师：由此，根据我们这节课的研究得到小车做的是加速度不变的匀加速运动，这就是本节课我们实验得到的结论. 但是我有一个小小的问题，同学们看，图像上有些点不在直线上，这是什么原因呢？

生：实验误差.

师：实验是有误差的. 好，实验得出 v-t 图像是一条倾斜的直线，直线的含义我们清楚啦，表示加速度是一个定值，现在我们再思考一个问题：如果某个点偏离直线很大，有可能是什么原因？我们怎么处理？

生：数据错误.

师：数据误差，我们作图时是不是要舍去这个点.

师：好，这节课我们就到这里，下课！同学们再见！

生：老师再见！

14.6　高中物理学生分组实验教学案例实录评价

观点 1：教师的基本功较扎实，教学设计中细节考虑周到，符合学生的认知规律.

观点 2：本节课主要是学生实验探究，课堂气氛活跃，充分体现了新课改的精神，对学生能力的培养这方面做得也比较好.

观点 3：注意学生的主动性的调动，让学生自主设计，自主探究，从而得出结论.

观点 4：教学符合实验探究课的基本要求，从生活现象中提出问题，然后引导学生一步一步进行实验方案设计：找方法、找器材、组装实验装置、实验步骤、实验数据处理.

观点 5：教学方法运用得当，用多媒体展示问题、素材、表格、学生实验结果.

观点 6：教态自然大方，走下讲台与学生亲切交流，课堂气氛融洽.

观点 7：没有充分体现出黑板板书的优势.

观点 8：语言有时不够有经验.

观点 9：教学过程中整体上比较关注学生反映，但偶尔不足. 在展示第一组同学实验结果，提问学生从各点速度大小看出物体运动有什么运动时，教师想要的答案是“加速”，而学生回答是“匀加速”. 老师没有理会学生的答案，而是按照自己的预设讲，如果老师追问“你们是怎么知道是匀加速运动的？”效果会更好.

观点 10：结尾比较唐突，应该有一个课堂小结.

第 15 章　中学物理复习教学案例实录与评价

15.1　初中物理复习教学案例实录

1. 复习专题

多种方法测蜡块密度.

2. 使用教材

初中八年级物理上册第六章，人民教育出版社.

3. 执教教师及所在学校

李杨，西南大学附属中学.

4. 课堂教学实录

（导入阶段）

师：大家看这个工艺品（如图 15.1 所示），漂亮吧，它可是由高端大气上档次的紫玉制作而成的，但是有时候你也会发现它可能是由低端便宜的塑料甚至石蜡做成的，那么我们如何鉴别物质呢？

师：蜡块就是我们今天的主角，以蜡块为例，我们一起总结归纳测量固体密度的方法.

师：那我们一起回顾一下（如图 15.2 所示），测量蜡块密度的实验原理是什么？

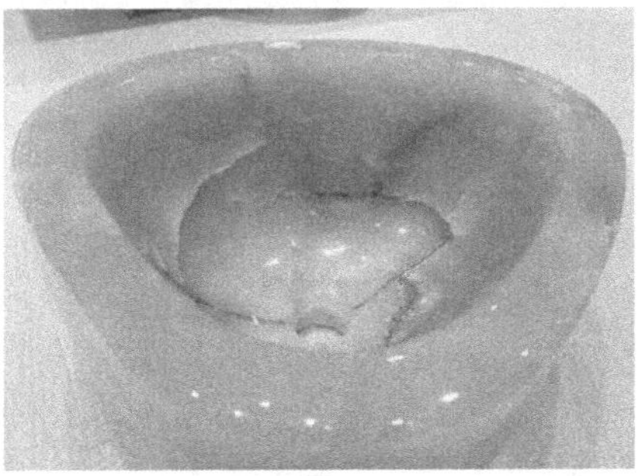

图 15.1　工艺品

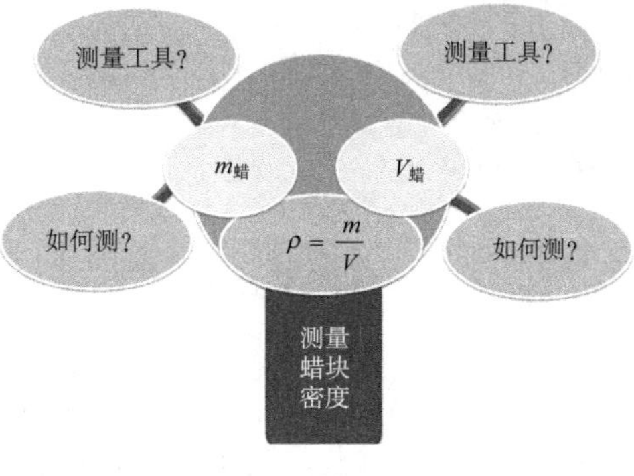

图 15.2　测量蜡块密度的原理图

生：$\rho=\dfrac{m}{V}$.

师：那么要测密度，关键是什么？

生：测量质量与体积.

师：很好，利用什么工具怎么去测质量与体积就是本节课突破的重点.

（展开阶段）

（呈现学习材料. 用 PPT 展示各种实验材料：天平、弹簧测力计、刻度尺、杠杆（钩码)、溢水杯、量筒、细针、水、酒精）

师：现在我们有这么多实验器材提供给大家，大家来选选，这些器材哪些可以测量质量？

生 1：天平.

生 2：弹簧测力计.

（提供学习指导、引发学习行为）

师：杠杆可以吗？

生：可以.

师：对，可以利用杠杆原理来测蜡块的重力（如图 15.3 所示)，其实大家想想天平的实质是什么机械呢？

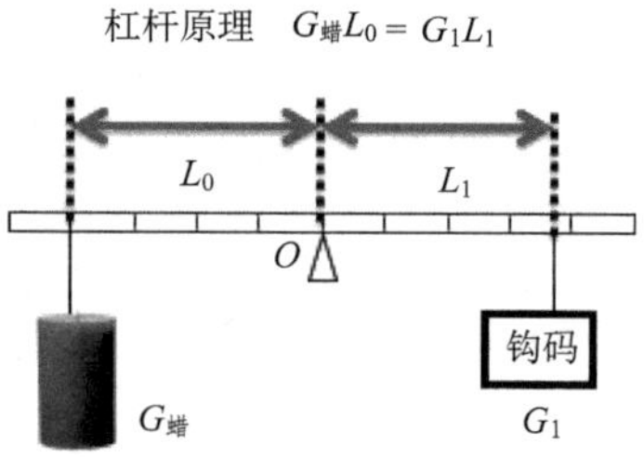

图 15.3　杠杆原理图

生：等臂杠杆.

师：下面我们来看看测量体积的.

生 1：刻度尺.

生 2：量筒.

生 3：溢水杯.

师：溢水杯里装什么液体？

生：水.

师：水可以吗？我们看看蜡块放入水中怎样？（动手操作将蜡块放入水中）

生 1：浮在水面上，测出的只是部分蜡块体积啊，怎么办？

生 2：用针压下去啊.
生 1：对，这样可以.
师：非常好. 换个思路，能不能考虑下换液体？
生 4：可以啊，换个能让蜡块沉下去的液体.
生 5：什么液体呢？
师：这个液体的密度有什么要求？
生 5：必须比蜡块小.
生 4：对，根据浮沉条件：$\rho_{液} < \rho_{物}$，那么蜡块就沉下去了.
师：我们为什么一定要蜡块沉下去？
生：因为浸没，所以蜡块的体积才等于排开液体的体积.
师：我们看看如图 15.4 所示的实验有什么问题？

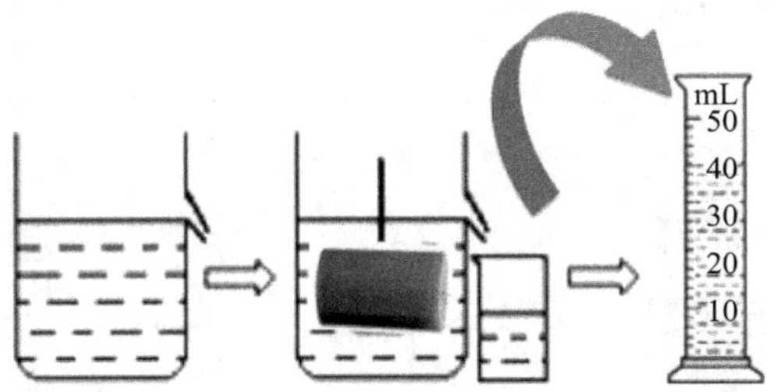

图 15.4　实验过程展示图

生：小烧杯里的液体没办法全部倒入量筒里，体积测量偏小.
师：非常棒，既然这样我们有其他方法求排开液体的体积吗？
生：浮力.
（实验阶段）
呈现学习 $F_{浮} = \rho_{液} g V_{排}$ 的材料.
提供三个实验器材搭配，分三个小组进行学生实验：
（1）实验目的：测量蜡块的密度；
（2）根据桌子上的器材组合设计方案，组员间分工合作；
（3）思考怎样测量质量和体积，用简图描述实验主要步骤；
（4）实验过程中注意分析实验误差以及如何改进实验.
实验 1 器材：蜡块、弹簧测力计、一杯酒精；
实验 2 器材：蜡块、杠杆和钩码、一杯酒精；
实验 3 器材：蜡块、量筒、一杯水、细针.
（提供学习指导、引发学习行为）
如图 15.5 所示，由实验 1 通过测量蜡块密度的过程，重点引出实验室称重法测浮力，教师带领学生复习这个重点实验知识. 由实验 2 回归课本探究空气浮力的内容，根据杠杆平衡和浮力知识来解决实验 2 这样的情景问题. 由实验 3 与学生讨论各种可行方案，充分调动学生的发散思维，但目标始终紧紧围绕测量原理

$$\rho=\frac{m}{V}$$

（巩固阶段）

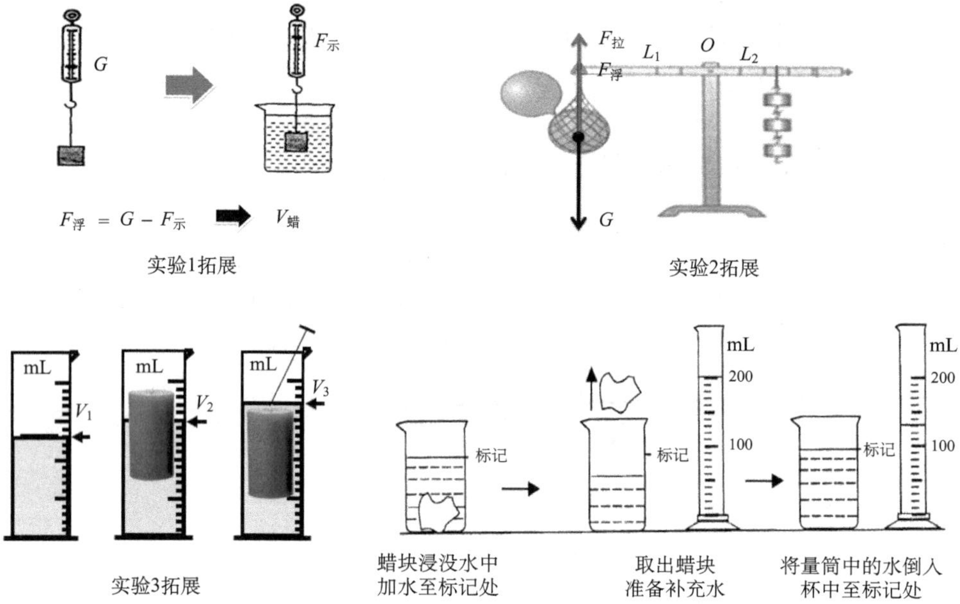

图 15.5　实验拓展素材

1）学生实验结果展示

通过实物投影仪将 3 大组的实验学案一一展示，教师挑选有代表性的，常规的实验、创新的实验、失败的实验、图示数据有问题的实验均可在这个过程展示. 10～12 分钟，这阶段是思想碰撞最厉害的最积极的，同组学生之间，不同组学生之间，学生与老师之间都会对上台展示的小组进行“挑刺”，这种形式符合初三学生的心理特点，有利于加深学生的印象，在这种挑毛病的过程中，毫无疑问，学生在此阶段能够发散出许许多多的知识内容，而教师在这里就起到引导的作用，需要将学生的思考引到本节课的主题测量密度上，特别针对有些非常简单但易错的知识点时，可以当场进行演示实验，比如说溢水杯的水要装满，教师就可以进行演示操作，并且让学生分析，如果没装满，会对实验结果有何影响.

2）迁移运用

在学生学案上提供重庆市 2013 年中考的一个实验题，反馈学习，评估学习行为，以重庆 2013 年物理中考的一个实验题为样本，如图 15.6 所示，让学生进行设计，步步引导，讲明每个器材的用途，根据学生的思考情况作为本节课的反馈，并且设计课下需要进行的针对练习.

(2013年重庆中考B卷)在一次物理兴趣小组的活动中，某小组同学准备用弹簧测力计、烧杯、水、吸盘、滑轮、细线来测木块(不吸水)的密度.

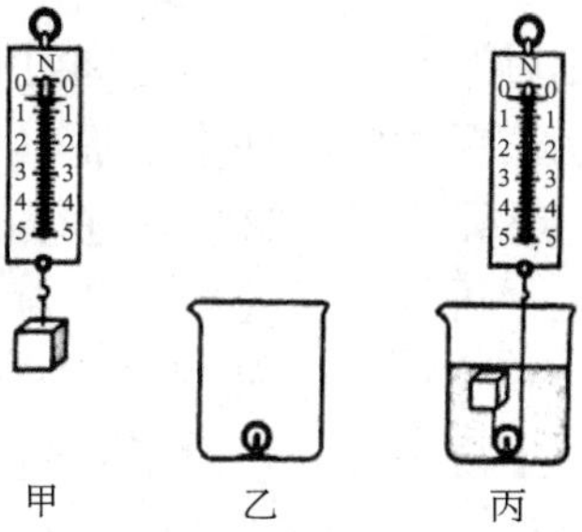

图 15.6　中考实验题

（总结阶段）

以知识树总结本节课，学生先填，教师后面通过 PPT 展示，如图 15.7 所示，总结本节课主要目标是测量固体密度，核心在于利用天平、杠杆、弹簧测力计、量筒、刻度尺和浮力知识来求质量与体积.

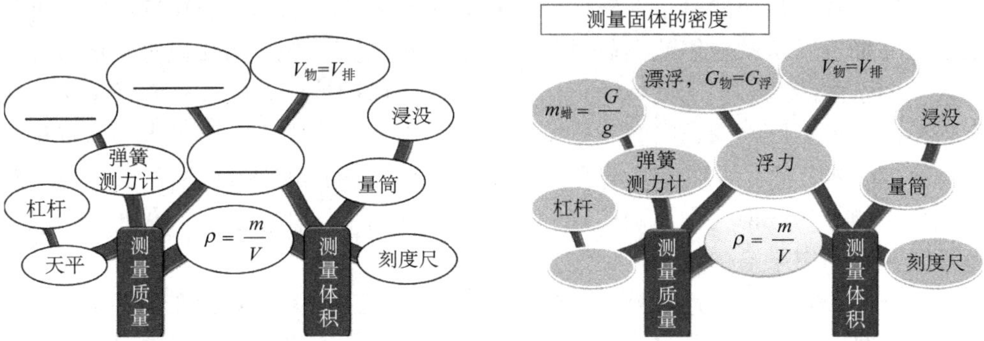

图 15.7　知识总结

15.2　初中物理复习教学案例实录评价

1. 总结

（1）复习课的导入应该接地气，语言得跟学生亲近，运用“高端大气上档次”这样的时尚语能立马让学生注意到你的言行举止. 复习课的情景导入不能太过花哨，教师提出情景，引起学生注意后，尽快告知学生本节课的学习目标，利用知识树激发他们的原有知识，使教学展开阶段得以顺利进行.

（2）复习课堂的核心不是热锅炒冷饭，不是简单地把学过的知识再次呈现，在教学展开环节，需要设置教学情境吸引学生，提出物理问题与学生发生碰撞，突破重难点实现知识内容的升华.

（3）实验使用器材是学生已经学过的，学生通过一定思考能够集中回答出平时学习实验的方案，复习课就需要教师在课堂上提出更加深入的问题，引发学生的思考，与学生掌握不牢固，理解不深刻的知识进行碰撞，从而达到提高的效果.

（4）复习课上的物理实验不再是以探究新内容为主，主要在于学生能够明白实验原理，懂得操作过程，重视实验细节处理. 在实验中出现的问题教师要及时发现，及时纠正学生，提醒学生规范实验，对于实验成功和失败的小组都要进行展示，以便于在学生间产生讨论，引发积极的学习氛围.

（5）复习课上的分组实验，能够检验学生掌握情况，发现新的问题，利用学生在学案上把实验过程画图展示，可以让小组实验结果得到分享，提高课堂效率，提升学生积极性.

2. 评价

观点 1：本节中考物理复习研讨课利用了加涅的九大教学事件进行设计：①使用精美的图片、亲切的言语和鲜明的情景对比等方法引起学生的注意；②告诉学生学习目标，以帮助他们认清教学的重要性和相关性；③利用知识树回忆前提性知识，使学生能把它们同目标知识结合起来；④以图片例题的方式向学生呈现刺激材料；⑤根据所学知识的复杂程度和难易水平，以及学生的智力水平，提供学习指导；⑥引出表示所期望的学习的行为；⑦对学生的实验和回答行为进行反馈，强化正确的行为，抑制不正确的行为；⑧评价行为用以评价学习；⑨通过提供中考真题和知识树来增强记忆，促进知识迁移.

观点 2：教师在进行教学设计时注重物理教学规律，就能以点带面拓宽复习思路，加深复习印象，提升复习效果，培养学生情感，使物理复习课堂更加高效，更具有生命力.

参 考 文 献

居殿兵, 郭如松. 2016. PCK 理论指导下的“速度变化快慢的描述——加速度”教学设计[J]. 物理教学探讨, 34(12): 66-69.

罗伯特・M. 加涅. 1985. 学习的条件[M]. 傅统先, 陆有铨, 译. 北京: 人民教育出版社.

罗松平, 田杰, 王文波. 2017. 优化物理实验探究培养学科核心素养——以“力的合成”教学设计与实施过程为例[J]. 物理教师, 38(6): 33-35, 39.

马亚鹏. 2019. 中学物理教学学术能力研究[J]. 天津师范大学学报(基础教育版), 20(4): 46-50.

邵友娣. 2019. 核心素养导向下的“机械能守恒定律”教学设计[J]. 物理之友, (8): 28-30.

盛群力等. 2005. 教学设计[M]. 北京: 高等教育出版社.

宋怀彬. 2019. 重视物理教师核心素养培养, 提升教师课程执行能力[J]. 物理教学探讨, 37(6): 1-5.

魏永平. 2019. 高中物理核心素养的内涵与培养途径[J]. 学周刊, (36): 26.

张光陆. 2018. 教师核心素养内涵与框架的比较研究[J]. 宁波大学学报(教育科学版), (9): 102-104.

张军朋, 詹伟琴, 王恬. 2013. 中学物理微格教学教程[M]. 2 版. 北京: 北京大学出版社.

中华人民共和国教育部. 2012. 中学教师专业标准(试行)(教师[2012]号)[S].

中华人民共和国教育部. 2017. 普通高中物理课程标准(2017 年版)[S]. 北京: 人民教育出版社.